Walther Gerlach, Martha List   Johannes Kepler

Das vorliegende Buch, das aus Anlaß des 350. Todestages von Johannes Kepler als Neuausgabe erscheint, wurde im Auftrag der Kepler-Gesellschaft von zwei Autoren geschrieben, die sich seit Jahren um die Kepler-Forschung verdient gemacht haben. Walther Gerlach und Martha List zeichnen mit historischer Treue und naturwissenschaftlicher Sachkenntnis ein lebendiges Bild der Persönlichkeit des genialen Astronomen – seines wechselvollen Lebensweges, der 1571 in Weil der Stadt begann, über Tübingen, Graz, Prag nach Linz führte und 1630 in Regensburg endete –, aber auch seiner an Spannungen und kriegerischen Unruhen so reichen Zeit.

Kepler hat sein ungewöhnlich umfangreiches Schaffen in einer Reihe bedeutender Bücher niedergelegt. In allgemeinverständlicher Form führt der bekannte Physiker Walther Gerlach den Leser in Keplers Werk ein und macht ihn mit den vielfältigen Problemen vertraut, die Kepler in seinen großen Entdekkungen löste. Die Autoren haben Keplers Theorien bewußt im biographischen und historischen Zusammenhang dargestellt, so daß der Leser die entscheidende Epoche am Beginn der modernen Naturwissenschaft anschaulich miterleben kann.

Walther Gerlach, geb. 1889, gest. 1979; Dr. rer. nat. Mitglied mehrerer Akademien. Seit 1957 emeritierter Professor für Physik und freier wissenschaftlicher Mitarbeiter des Instituts für Geschichte der exakten Naturwissenschaften und der Technik im Deutschen Museum in München. Walther Gerlach war jahrelang 1. Vorsitzender der Kepler-Gesellschaft in Weil der Stadt.

Martha List, Dr. phil., ist seit 1935 Mitarbeiterin der Kepler-Kommission der Bayerischen Akademie der Wissenschaften. Für ihre Verdienste um die Kepler-Forschung wurde sie 1965 mit der Medaille »bene merenti« ausgezeichnet. Die Universität Wien verlieh ihr 1978 die Ehrendoktorwürde der Philosophischen Fakultät.

Serie Piper:

Walther Gerlach, Martha List

Johannes Kepler

Leben und Werk

R. Piper & Co. Verlag

ISBN 3-492-00501-2
2. Aufl., 5.–8. Tsd. 1980
(1. Aufl., 1.–4. Tsd. dieser Ausgabe)

Umschlag Zembsch' Werkstatt, München
Gesetzt aus der Times-Antiqua
Gesamtherstellung Clausen & Bosse, Leck
Printed in Germany

Inhalt

Johannes Kepler, 1619
Ölgemälde im Thomasstift zu Straßburg

Vorwort

»Wenn man Keplers Lebensgeschichte mit demjenigen, was er geworden und geleistet, zusammenhält, so gerät man in ein frohes Erstaunen, indem man sich überzeugt, daß der wahre Genius alle Hindernisse überwindet. Der Anfang und das Ende seines Lebens werden durch Familienverhältnisse verkümmert, seine mittlere Zeit fällt in die unruhigste Epoche, und doch dringt sein glückliches Naturell durch. Die ernstesten Gegenstände behandelt er mit Heiterkeit, und ein verwickeltes, mühsames Geschäft mit Bequemlichkeit.

Gibt er schriftlich Rechenschaft von seinem Tun, von seinen Einsichten, so ist es, als wenn es nur gelegentlich, im Vorbeigehen geschähe, und doch findet er immer die Methode, die von Grund aus anspricht. Andern sei es überlassen, seine Verdienste anzuerkennen und zu rühmen, welche außer unserm Gesichtskreise liegen; aber uns ziemt es, sein herrliches Gemüt zu bemerken, das überall auf das freudigste durchblickt. Wie verehrt er seinen Meister und Vorgesetzten Tycho! Wie schätzt er die Verdienste dieses Mannes, der sich dem ganzen Himmel gewachsen fühlte, insofern er sich durch die Sinne fassen und durch Instrumente bezwingen ließ! Wie weiß er diesen seinen Lehrer und Vorgänger auch nach dem Tode gegen unfreundliche Angriffe zu verteidigen! Wie gründlich und anmutig beschreibt er, was an dem astronomischen Baue schon geleistet, was gegründet, was aufgeführt, was noch zu tun und zu schmücken sei! Und wie arbeitet er sein ganzes Leben unverrückt an der Vollendung!

Indes war Tycho bei allen seinen Verdiensten doch einer von den beschränkten Köpfen, die sich mit der Natur gewissermaßen im Widerspruch fühlen und deswegen das komplizierte Paradoxe mehr als das einfache Wahre lieben und sich am Irrtum freuen, weil er ihnen Gelegenheit gibt, ihren Scharfsinn zu zeigen, da derjenige, der das Wahre anerkennt, nur Gott und die Natur, nicht aber sich selbst zu ehren scheint, und von dieser letzten Art war Kepler. Jedes klare Verdienst klärt ihn selbst auf; durch freie Beistimmung eilt er, es sich zuzueignen. Wie gern spricht er von Copernicus! Wie fleißig deutet er auf das einzig schöne Aperçu, das uns die Geschichte noch ganz allein erfreulich machen kann, daß die echten Menschen aller Zeiten einander voraus verkünden, auf einander hinweisen, einander vorarbeiten. Wie umständlich und genau zeigt Kepler, daß Euklides kopernikisiere!

Wie sein Sinn, so sein Ausdruck. Geübt im Griechischen und Lateinischen, fehlt es ihm an keiner Kenntnis des Altertums, des gründlichen sowohl als des schönen, und er weiß sich nach Belieben auszudrücken. Manchmal läßt er sich zu Unwissenden, ja zu Dummen herab; manchmal sucht er wenigstens allgemein verständlich zu werden. Bei Erzählung von natürlichen Ereignissen ist er klar und deutlich; bald aber, wenn er wirken, wenn er lebhaftere Eindrücke, entschiedenere Teilnahme hervorbringen will, dann fehlt es ihm nicht an Gleichnissen, Anspielungen und klassischen Stellen.

Da er die Sprache völlig in seiner Gewalt hat, so wagt er gelegentlich kühne, seltsame Ausdrücke, aber nur dann, wenn der Gegenstand ihm unerreichbar scheint.«

Man mag wohl andere, kaum aber schönere Worte, als sie uns Goethe in den »Materialien zur Geschichte der Farbenlehre« über Kepler hinterlassen hat, zum Vorspruch für unser Keplerbüchlein finden.

Die uns gestellte Aufgabe war, weiten Kreisen das Denken und Wirken Keplers zugänglich zu machen. So hält unsere Darstellung die Mitte zwischen mehreren kurzgefaßten Schriften und Vorträgen über Kepler und der umfangreichen Biographie von Max Caspar; sie verzichtet auf die Behandlung seiner wissenschaftlichen Methoden, ohne deren Probleme, ihre Lösung und ihre Bedeutung damals und später zu übersehen.

Kepler ist nicht nur der Entdecker der Gesetze der Planetenbewegung; er hat als erster die Verbindung von Astronomie und Physik gewagt.

Kepler hat mehr als andere Gelehrte seiner Zeit zur Befreiung der Naturwissenschaft von gesetzten Grenzen, zur Begründung der Autonomie der Naturwissenschaft beigetragen.

Kepler hat ein – wie wir meinen – zeitlos gültiges Beispiel für Überzeugungstreue und Wahrhaftigkeit gegeben. In einem Jahrhundert der ideologischen Verblendung hält er sich fern dem »Gezänk der Theologen, dem Pech der Politik«; er lebt das Ethos des Naturforschers vor, *der nur das Wahre anerkennt, nur Gott und die Natur ehrt* – im Kreis der damaligen Gelehrten einmalig, dem Geist der Zeit fremd, für alle Zeit beispielhaft.

So hoffen wir, daß unsere Darstellung dieser nicht trennbaren Verbindung von Werk und Mensch zum Nachdenken führt, daß wir höhere Güter erstreben sollen als die, um welche die Welt sich streitet.

München — Walther Gerlach
Weil der Stadt — Martha List
1966

Vorwort zur Neuausgabe

Im November 1980 jährt sich zum 350. Mal der Todestag von Johannes Kepler. Er war zum Fürstentag nach Regensburg gekommen, nachdem er einige Monate vorher in Wallensteins Hauptquartier in Gitschin vorgesprochen und dann seine wichtigsten Akten für die über Leipzig führende große Reise geordnet hatte – ein memento mori.

Vor wenigen Jahren, 1971, hat die Welt Keplers 400. Geburtstag gefeiert, in der Vaterstadt Weil der Stadt, an den Hauptstätten seines Wirkens Graz, Prag, Linz und an vielen anderen Orten der Alten und der Neuen Welt, bis zur Internationalen Gedenkfeier in den Tagen des 25. bis 30. August 1971 in Leningrad unter Leitung von Professor A. A. Michailow. In der Obhut der Sternwarte Pulkowo – heute die Akademie in Leningrad – befindet sich der größte Teil des handschriftlichen Nachlasses von Kepler, in 18 Pergamentfolianten gebunden, welche Katharina von Rußland, mangels anderer Bewerber, 1773 vor der Verschleuderung bewahrt hatte.

In einem einzigartigen Sammelwerk – den »Vistas in Astronomy Volume 18« – haben Arthur Beer und Peter Beer 1975 auf 1034 Seiten alles zusammengefaßt, was die Kepler-Forscher und Kepler-Interessenten zum Geburtsjubiläum herausbrachten, wobei auch – erstmalig berücksichtigt – Keplers Theologie und ihr Zusammenhang mit seiner Naturwissenschaft zu Wort kamen.

Damit, wie auch in zahlreichen kleineren Aufsätzen, wurde für die weitere Kepler-Forschung in nächster Zeit wohl ausreichendes Material zur Verfügung gestellt; es wird ergänzt durch die Bearbeitung der noch fehlenden Bände der Kepler-Gesamtausgabe, besorgt von der Kepler-Kommission der Bayerischen Akademie der Wissenschaften. Dagegen fand Keplers nicht minder erregende Menschlichkeit – von einigen neuen Spezialuntersuchungen abgesehen – relativ wenig Beachtung. Der große Ethiker unter den Naturforschern war durchaus keine ausgeglichene Persönlichkeit, sondern rang, durch widersprüchliche Eigenschaften in Spannung gehalten, zeitlebens darum, trotz aller äußerer Widerstände sich selber treu zu bleiben und dem heiligen Dienst an der Wahrheit zu genügen.

Wie er dieses Ziel erreichte, offenbart hier die Darstellung seines Lebens. Ältere Lebensbeschreibungen wurden überholt durch die große, auch die wissenschaftlichen Leistungen Keplers würdigende und in das Geschehen seiner Zeit einordnende Biographie von Max Caspar »Johannes Kepler« (1948 u. ö.); sie ist aber seit langem völlig vergriffen. Der Verlag und die Autoren haben sich daher entschlossen, zu Keplers 350. Todestag diese bewährte kleine, für weiteste Kreise bestimmte Biographie neu herauszugeben.

München, Juli 1979

Walther Gerlach
Martha List

Heimat und Familie

Am Rande des Schwarzwaldes liegt zwischen Hügeln Weil der Stadt, weithin sichtbar beherrscht von der dreitürmigen Kirche, Mittelpunkt des alten Stadtkerns, um den herum sich ein Kranz von Neuzeitsiedlungen emporzieht. Ihr Name unterscheidet die Siedlung von den benachbarten Dorfgemeinden Weil, seit sie am Anfang des 13. Jahrhunderts zur Stadt erhoben wurde. Mit kaiserlichen Gnadenerweisen und Vergünstigungen begabt, konnte der Ort durch Bündnisse mit anderen Städten im Wechsel der Politik seinen Vorrang als eine der kleinsten freien Reichsstädte bis 1803 bewahren. Noch heute enthält das Wappen der Stadt die aus der römischen Geschichte stammenden Buchstaben SPQR – *Senatus Populusque Romanus* (Senat und Bürgerschaft Roms).

Weil der Stadt ist die Heimat bedeutender Männer; wir nennen aus früheren Zeiten Jakob Weil, den großen deutschen Rabbiner und Gelehrten in Erfurt (1380–1456); Lukas Moser (um 1431), den Schöpfer des berühmten Magdalenenaltars in Tiefenbronn; Heinrich Steinhöwel oder Steinheil (1412–1482), Übersetzer von Aesop, Boccaccio u. a., Stadtarzt in Esslingen und Ulm; den ersten Tübinger Mathematikprofessor Paul Scriptoris (1450–1505); Josef Anton Gall (1748–1807), Reformer des österreichischen Schulwesens und Bischof von Linz. Die inhaltsreichste Periode der Geschichte von Weil der Stadt ist die Zeit der Reformation und Gegenreformation. Schon bald nach Luthers Auftreten 1517 fand die evangelische Lehre unter ihrer Bürgerschaft Anhänger; der bekannte Reformator Johannes Brenz (1499–1570) ist ein Sohn der Stadt.

Um diese Zeit ließ sich der Kürschner Sebald Kepler, Sohn des Buchbinders gleichen Namens zu Nürnberg, in Weil der Stadt nieder. Was ihn dazu bewogen haben mochte, seine Vaterstadt aufzugeben und diesen neuen Wohnsitz zu wählen, wissen wir nicht. Doch darf man annehmen, daß verwandtschaftliche Beziehungen zu Weil oder seiner Umgebung ausschlaggebend waren. Der Zugewanderte hatte es bald zu ansehnlichem Grundbesitz gebracht und versah auch eine Zeitlang das Amt eines Stadtrechners. Von seinen vier Söhnen gewann der wiederum Sebald genannte, der Großvater des Astronomen, hervorragenden Einfluß auf die Geschicke der Stadt. Er stand ihr von 1569 bis 1578 als Bürgermeister vor.

Mit der Ausbreitung der neuen Lehre unter den Bürgern von Weil verschärfte sich die Spannung in den getrennten Lagern, mehrten sich die Streitigkeiten, deren Folgen einschneidend auch auf das wirtschaftliche Leben übergriffen. Anfangs in diplomatischer Vorsicht noch unentschieden, bezog Sebald Kepler bald feste Stellung als Führer der evangelischen Partei neben seinem Bruder Daniel. Der größere katholische Teil wurde von Mitgliedern der mit den Keplers verwandten Familie Fickler angeführt und durch einen ersten gegenreformatorischen Vorstoß unterstützt, den Johann Baptist Fickler, ein salzburgischer Hofrat, 1573 einleitete.

Es bedurfte hohen Ansehens und großer Tüchtigkeit, um die kleine Stadt – sie zählte damals etwa 200 Bürger – als Enklave in württembergischem Gebiet nach außen hin zu verteidigen, dabei nach innen die erhitzten Gemüter ihrer als Bauern und Handwerker – meist Gerber, Weber, Goldschmiede – tätigen Bewohner vor Unbesonnenheit zu bewahren. Als einer der ihren mit den Methoden ihres Handelns vertraut, jähzornig und starrköpfig, wußte der bärtige Sebald Kepler sich ein gewichtiges Aussehen zu geben und die Befolgung seiner Anordnungen zu erzwingen.

Sein Haus lag, wie überliefert wird, am Marktplatz, da wo eine schmale Gasse über den Friedhof zur Kirche führte – es ist das heutige Kepler-Museum. Mehr tief als breit, fügte es sich in das Gewirr der engen Wohnstätten, deren Ausdehnung die Stadtmauer eine Grenze setzte, die dafür, mit bewehrten Türmen und bewachten Toren, den Bürgern Schutz und Sicherheit bot. Zur Begründung seines Hausstandes freite Sebald Kepler Katharina Müller aus Marbach, eine schlanke, lebhafte und umtriebige Frau. Die Erträgnisse von Feldern und Wiesen, dazu der Handel mit Wein, Tuch, Lichtern, Papier sowie der Verleih ihrer Rösser boten der wachsenden Familie Unterhalt.

Eben, da Sebald Kepler 1571 auf dem Reichstag zu Speyer für sich und seine Stadt das Verbleiben bei dem alten katholischen Glauben zugesichert und damit die ganze Gemeinde in neue Wirrnisse verstrickt hatte – ein Versprechen, dem er bald zuwiderhandelte –, kam am 27. Dezember Johannes als erstes Kind seines Sohnes Heinrich, der mit ihm die Hausgemeinschaft teilte, zur Welt. Am 15. Mai hatte der 24jährige Heinrich Kepler die um einige Monate jüngere Tochter Katharina des Wirts und Schultheißen Melchior Guldenmann aus dem benachbarten Eltingen geheiratet. Wie sein Vater trieb Heinrich ohne einen erlernten Beruf Handel mit Waren des täglichen Bedarfs, bis in ihm das Erbe der Vorfahren durchschlug, deren Kriegsdienste für Kaiser und Reich man mit Stolz würdigte. So kämpfte er 1574 auf seiten der Spanier in der Schlacht auf der Mockerhaide. Seine Frau wußte indes der Unterdrückung durch die Schwiegermutter nur dadurch zu entgehen, daß sie ihrem Mann nachzog. Wir dürfen solche Verhältnisse jedoch nicht nach heutigen Gesichtspunkten beurteilen, nach denen das Wort Söldner keinen guten Klang hat. Ein alter Akteneintrag bezeugt die ehrenvolle Bewirtung Heinrich Keplers nach der Rückkehr aus den Niederlanden. Es heißt da in der – im Archiv der Stadt noch vorhandenen – Stadtrechnung von 1575: »Vff munttag nach Mateus als burgermaister vnd rat habent Hainrich Kepler auff die burgerstuben zuo dem wein geuiert hat man vir drey die zech bezalt auch ain fleschen mit wein thauot 6½ mas thauot als zuo samen 1 Pf. 7 H.« (Auf Montag nach Matthäus, als Bürgermeister und Rat Heinrich Kepler auf die Bürgerstube zum Wein geführt, hat man für drei die Zeche bezahlt, auch eine Flasche mit Wein, macht 6½ Maß; macht alles zusammen 1 Pfund 7 Heller.) 1577 erwarb Heinrich das Bürgerrecht in Leonberg mit der Auflage einer »ganzen Rüstung« und kaufte sich dort ein Haus, in das er mit seiner Familie übersiedelte. In späteren Jahren empfahl sich der Sohn Johannes in Eingaben an den Herzog von Württemberg als »Bürgerssohn von Löwenberg«.

Die Zukunft hielt nichts Gutes für die Familie bereit. Verkauf der alten und Erwerb von neuen Gütern lösten sich in den folgenden Jahren ab und erfüllten das Leben mit Sorge, als es Heinrich wiederum zu Kriegsdiensten trieb. Dabei starb er 1590 als Hauptmann in der Gegend von Augsburg.

Seinen Namen Johannes erhielt Heinrich und Katharinas erstgeborener Sohn vom Tagesheiligen; sein Ruhm sollte dereinst den Namen Kepler in alle Welt tragen. Er wurde unter den obwaltenden Umständen zur Taufe in die katholische Kirche gebracht, was Kepler in dem späteren Briefwechsel mit dem Jesuitenpater Guldin ausdrücklich erwähnt, dann aber in der protestantischen Lehre gemäß der Augsburger Konfession unterrichtet und erzogen. Die Mutter trug in der gewiß nicht harmonischen Ehe mit einem Mann schroffen Gebarens die Last, sieben Kinder zu ernähren und zu erziehen. Zuversichtlich blickte sie auf ihren ältesten Sohn Johannes. Zwar war er von Jugend auf ein schwaches Kind, aber seine geistige Begabung versprach schönste Erfolge beim Studium der Theologie, wozu ihn Neigung und Rat der Alten bestimmten. Allein, er wurde nicht Pfarrer, wie sie erhofft hatte, sondern Astronom und kaiserlicher Mathematiker. Mit welchem Stolz mag die Mutter ihn 1602 in der Kaiserstadt Prag besucht haben!

Viele Jahre später – er war längst ein berühmter Mann geworden – kam Johannes Kepler wieder in die Heimat, um seiner Mutter in Lebensgefahr beizustehen. Die kleine, unruhige, vom Glauben an magische Kräfte beseelte Frau wurde wegen ihrer schwatzhaften und streitsüchtigen Art von vielen angefeindet und beleidigt; man bezichtigte sie sogar der Zauberei und Hexerei. Diese Schmähungen suchte die Keplerin durch eine Klage vor dem Stadtgericht Leonberg zu ahnden. Aber sie goß damit nur Öl ins Feuer; aus dem Zivilprozeß wurde ein »peinliches Verfahren«, die Keplerin, im Alter von nahezu 70 Jahren, in einem Strafprozeß als Hexe angeklagt. Der Hexenwahn, eine aus dem Glauben an dämonische Einflüsse und Wirkungen gespeiste Massenpsychose, dem alle Volksschichten ohne Unterschied der Konfession verfallen waren, erreichte gerade damals in Deutschland seinen Höhepunkt. Auch in Leonberg und Weil der Stadt verbrannte man unschuldige Menschen auf dem Scheiterhaufen.

»Mit unaussprechlicher betriebnus seines Hertzens« vernahm Kepler im Dezember 1615 durch seine Schwester Margarethe erstmals von den Umtrieben gegen seine »geliebte, erlebte und von zeitlichem trost sonsten alters halb je mehr und mehr verlassene Mutter«, ja, daß auch er »selber verbottener Künsten bezüchtigt worden sey«. Sechs Jahre lang zog sich der Prozeß hin, bemühte sich Kepler, die Sache »mit Darsetzung leibes und Guets, auch ansprechung seiner angehörigen freünde und gönner, oder was er sonsten mit diensten und guetem wohlbekhantem Namen für favor erworben, zuverfechten und so weit zuverfolgen, biß ihr nach den geschribenen Rechten zue endt geholffen« wurde. Zweimal reiste er in dieser Zeit von Linz nach Württemberg; 1620/21 hielt er sich monatelang dort auf unter Hintansetzung seiner Linzer Verpflichtungen, seiner wissenschaftlichen Arbeiten, um einerseits durch Eingaben an den Herzog Johann Friedrich von Württemberg das Prozeßverfahren in rechtem Gang zu halten, andererseits seine Mutter in juristisch aufgebauten Schriftsätzen – die wichtige »Conclusion-Schrift« ist über 120 Seiten lang! – gegen die unsinnigen Anschuldigungen zu verteidigen, die in den 49 »allererschröcklichisten und schendlichisten« Artikeln der Anklageschrift gegen sie zusammengetragen waren. Freundschaftlichen Beziehungen zu einem Mitglied der Tübinger Juristenfakultät ist ein günstiges Gutachten zu verdanken. Doch ohne die unmittelbare Hilfe ihres Sohnes wäre Katharina Kepler unweigerlich verurteilt worden: »Leider erschien die Verhafftin mit Beystandt Ihres Herrn Sohns Johann Kepplers Mathematici« (aus einem Protokoll) vor Gericht! So wurde sie nach 14monatiger Haft in Ketten freigelassen.

Der letzte Akt in dem Verfahren war eine Zusammenstellung der Unkosten, die der Familie durch den Prozeß entstanden waren. Für sich selbst führt Kepler darin an: »So hab Ich Johan Kepler mich umb der Mutter gefahr willen ins land gemacht, ein Jahr drinnen zuegebracht, hierunter mein jährliche bsoldung in Österreich in die schantz geschlagen, 400 Gulden. Hingegen Ich im Land mit raisen und zeerung in würtsheüsern dises gantze Jahr hindurch gebracht über 300 Gulden.«

Keplers leidgeprüfte Mutter starb schon bald nach ihrer Befreiung; aus ihrem Besitz erbte er einige Äcker und Wiesen.

Kepler litt während seines ganzen Lebens unter vielerlei Krankheiten. »Wenn Ihr nicht korpulenter und von gewichtigerem Aussehen seid als ich, werdet Ihr niemals Bürgermeister werden«, so schrieb er lachend über seine körperliche Konstitution. Klein, schmächtig und beweglich, das waren Merkmale, die er von seiner Mutter mitbekommen hatte und die sich mehr zum Studium als zu anderen Lebensberufen eigneten. Als er fünf Jahre alt war, bekam er die Blattern, die ihm die Hände fast verstümmelten und ihn dem Tod nahebrachten. In seiner Jugend litt er an den Nachwirkungen dieser Krankheit, häufig an Fieberanfällen und Kopfweh. Ein Wechselfieber, das ihn während der Übersiedlung von Graz nach Prag im Oktober 1600 heimsuchte, quälte ihn fast ein Jahr lang und stürzte ihn in tiefe Melancholie. Ursache dieser Anfälle, die ihm jahrzehntelang zu schaffen machten, waren Erkrankungen der Galle und des Magens, die ihn zu strenger Diät zwangen und wohl auch seine cholerische Natur mitbestimmten. Oft plagten ihn Geschwüre und Ausschläge; langes Sitzen bekam ihm schlecht. »Schmächtig, saftlos, mager«, nennt er sich. »Ich habe eine ungeschickte Hand, meine Liebe gilt allein der Theorie.« Als Astronom war er aber stärker dadurch behindert, daß er kalte Nächte im Freien nicht vertrug und daß er schwache, kurzsichtige Augen hatte; er litt an unokularer Polyopie, so daß er statt eines Mondes deren viele sah.

Bei dieser körperlichen Beschaffenheit Keplers wundern wir uns wie jener Verehrer, der ihn erstmals sah, darüber, »wie in einem so zarten Körper ein so großes Maß gediegener Gelehrsamkeit, so viele Schätze des Wissens um die profundesten Geheimnisse eingeschlossen und verborgen sein konnten«. Aber noch mehr bewundern wir die Kraft seines Willens, welche ihn trotz körperlicher Leiden und so viel menschlichen Unheils eine Arbeit ungewöhnlichen Ausmaßes bewältigen ließ. Er kannte die Werke des Altertums sowie die neueren Schriften der Theologie, der Philosophie und der Naturwissenschaft und hatte ihren Inhalt bei der oft hastigen Niederschrift von Briefen und Abhandlungen dank eines glänzenden Gedächtnisses stets gegenwärtig.

Schul- und Universitätsjahre (1578–1594)

Keplers Mutter erkannte und pflegte offenbar frühzeitig die geistige Regsamkeit ihres Sohnes Johannes; er erinnerte sich noch in späteren Jahren, daß sie dem kaum sechsjährigen Knaben den großen Kometen vom Jahr 1577 gezeigt hatte. Es ist der für die Geschichte der Astronomie und auch für Keplers spätere Himmelsphysik so wichtige Komet. Tycho Brahe hatte ihn beobachtet und aus Parallaxen-Messungen seine Entfernung von der Erde – etwa gleich der der Venus von der Erde – berechnet. Er hatte mit Recht hieraus geschlossen, daß die Planeten nicht auf festen Sphären laufen, wie man damals allgemein annahm.

1578 schickte die Mutter ihren Sohn in den »deutschen Lese- und Schreibunterricht«, »in ludum litterarum germanicum«; denn der Feldarbeit war er körperlich nicht gewachsen. Aber »es waren Schulen da, und es gab Fälle, in denen die Behörden Knaben, die sich zum Studium eigneten, in hochherziger Weise entgegenkamen«. So hatte auch der kleine Ort Leonberg, der mustergültigen württembergischen Schulordnung entsprechend, nach der Einführung der Reformation eine dreiklassige »lateinische oder Particularschule«. Hier lernten die Kinder so viel Latein, daß sie sich schon nach kurzer Zeit lateinisch unterhalten konnten. Man geht wohl nicht fehl in der Annahme, daß Kepler jenem Unterricht seinen geschliffenen lateinischen Stil verdankte. Er absolvierte 1580 die zweite Klasse, während seine Eltern auf Grund unverschuldeten Vermögensverlustes Leonberg verlassen und in Ellmendingen die Bewirtschaftung des Gasthofs »Zur Sonne« übernommen hatten. Kepler kam vorübergehend aus der Schule, weil er bei der Haus- und Hofarbeit helfen mußte. Noch bevor die Eltern nach Leonberg zurückkehrten, bestand er am 17. Mai 1583 das »Landexamen« in Stuttgart. Der Weg zur höheren Ausbildung, zum Studium der Theologie, stand ihm offen. Im Oktober 1584 trat er in die »Grammatisten-Oberschule« in Adelberg, zwei Jahre später in das »Höhere Seminar« in Maulbronn ein. Er hatte es nicht leicht in diesen Jahren; die Zucht in den Klosterschulen war äußerst streng. In späteren Aufzeichnungen berichtete er von seinen inneren Nöten, wie schwer er sich in den Kameradenkreis einfügte, von seinem Ehrgeiz und von seinem steten Bemühen, bei Streitigkeiten »die Ursachen der Dinge sorgsam abzuwägen«. Er zeichnete sich durch besondere Leistungen aus, studierte zäh alles, was ihm in die Hände kam, lernte soviel wie möglich auswendig – ein ungewöhnlich gutes Gedächtnis half ihm sein Leben lang bei seinen großen Werken – und übte sich im Dichten; schon früh beschäftigten und beunruhigten ihn die heftigen Glaubensstreitigkeiten zwischen den »Calvinisten« und den »Lutherischen«, welche gerade in Württemberg mit fanatischer Erbitterung geführt wurden und die in seinem späteren Leben noch so verhängnisvolle Folgen für ihn haben sollten.

Am 25. September 1588 bestand Kepler das Baccalaureats-Examen in Tübingen und studierte anschließend noch ein Jahr in Maulbronn. Am 17. September 1589 bezog er die Universität Tübingen, nachdem er kurz vorher in das berühmte »Tübinger Stift« aufgenommen worden war. So war sein Studien- und Lebensweg vorerst gesichert; denn 1536 hatte Herzog Ulrich von Württemberg dieses Internat zum kostenlosen Studium für »armer frommer Leut Kinder ains vleissigen, christlichen gotzfürchtigen wesens« gegründet; von den Eltern erhielt Kepler geringe, aber ausreichende Zuschüsse und später das Ruoffsche Stipendium seiner Geburtsstadt Weil der Stadt.

Die Studienordnung für die angehenden Theologen und der Ablauf des Studiums waren damals wesentlich anders als heute. Es begann in der Artistenfakultät mit Vorlesungen über Mathematik und Astronomie, Griechisch, Hebräisch, Rhetorik, Poesie, Ethik und Aristoteles. Nach zwei Jahren schloß man diesen Studienabschnitt mit der Magisterpromotion ab und setzte anschließend seine Studien drei Jahre lang an der Theologischen Fakultät fort. Die sehr in Grenzen gehaltenen Rechte und Freiheiten der Stipendiaten oder »Stiftler« – zu ihnen gehörte ja Kepler – bewahrten diese gegenüber den freien Studenten vor Ausschweifungen. Das streng eingeteilte, um vier bzw. fünf Uhr beginnende Tagwerk schulte Körper und

Geist. Wohnung und Kost waren für den Stipendiaten frei; aber mit den sechs Gulden Taschengeld mußte er haushälterisch umgehen, wollte er sich ein neues Gewand oder eines der damals verhältnismäßig teuren Bücher anschaffen. Weitere Stipendien milderten die oft an Dürftigkeit grenzenden Verhältnisse.

Das Studium in der Artistenfakultät kam Keplers Veranlagung weitgehend entgegen. Später schrieb er darüber: »Sobald ich meinem Alter entsprechend die Süßigkeit der Philosophie kosten konnte, habe ich sie als Ganzes mit ungeheurer Begierde erfaßt, ohne mich im besonderen um die Astronomie zu bekümmern. Das Talent hierfür war zwar vorhanden, und ich verstand unschwer den durch die Schulordnung gebotenen Stoff aus Geometrie und Astronomie, gestützt auf Figuren, Zahlen und Verhältnisse. Aber das waren pflichtmäßige Studien, nichts was eine ganz besondere Neigung zur Astronomie bekundet hätte.« Phantasie und Scharfsinn vereinten sich in seinem Drang nach Universalwissen. Von sehr entscheidender Bedeutung für Keplers wissenschaftliche Haltung wurde (nach seinen eigenen Worten) das Werk des Julius Cäsar Scaliger in Leyden »Exercitationes Exotericae libri XV«, erstmals 1557 in Paris gedruckt, »populäre Übungen, die von Hand zu Hand gingen. Dieses Buch weckte in mir alle möglichen Gedanken über alle möglichen Fragen, wie über den Himmel, die Seelen, die Geister, die Elemente, die Natur des Feuers, über den Ursprung der Quellen, über Ebbe und Flut, über die Gestalt der Erdteile und der umliegenden Meere ...«, alles Fragen, die wir in seiner großen »Weltharmonik« wiederfinden. Auch an der Lehre des Copernicus fesselte ihn damals nicht in erster Linie das astronomische Faktum, sondern der kosmologische Hintergrund, die neue Weltschau.

Keplers Lehrer waren unter anderen der bekannte Michael Mästlin (geboren 1550 in Göppingen, gestorben 1631 in Tübingen), der kurz zuvor von Heidelberg als Professor der Mathematik und Astronomie nach Tübingen berufen worden war, der Theologe Matthias Hafenreffer (1561–1619) und der Altphilologe Martin Crusius (1526–1607), dem nach einem Eintrag in seinem Diarium der junge Kepler als »pulcher juvenis« (wörtlich: schöner Jüngling) aufgefallen war. Besonders eng war er Michael Mästlin verbunden, wie aus dem zeit seines Lebens mit ihm geführten Briefwechsel hervorgeht. Ihm verdankte er auch die Einführung in das neue, damals noch stark umstrittene Planetensystem des Nikolaus Copernicus. Bei aller aufrichtigen Dankbarkeit und Ehrerbietung, die er dem großen Gelehrten und Lehrer bekundete – »Ehrnvester, Hochgelährter, Insonders günstiger lieber Her Praeceptor« sprach er ihn an –, vertrat Kepler ihm gegenüber bestimmt und kompromißlos seine oft abweichenden Meinungen, gerade in entscheidenden Fragen der Zeit oder seiner Wissenschaft; so lehnte Mästlin den neuen Gregorianischen Kalender ab, für den Kepler eintrat, so warnte Mästlin ihn, astronomische mit physikalischen Argumenten zu verquicken, was gerade Keplers bleibende Leistung ist. Wir kommen auf diese Frage noch zurück.

Am 11. August 1591, knapp 20 Jahre alt, wurde Kepler zum Magister Artium promoviert. Er bestand das Examen als zweiter; die vier Tüchtigsten sollten nach den Satzungen die Würde eines Doktors der Theologie anstreben. Der Rat von Weil der Stadt beschloß auf Vorschlag der Universität ausnahmsweise die Verlängerung des Ruoffschen Stipendiums, da Kepler »dermassen eines fürtrefflichen und herrlichen ingenij, das seinethalben etwas sonderlichs zuhoffen«. Nun konnte er mit dem Studium der eigentlichen Theologie beginnen, denn er sollte und wollte Pfarrer werden. Die Studienordnung der Theologischen Fakultät forderte auch Vorlesungen in Ethik, Rhetorik, Physik und Philosophie, dazu Musik. Über dem Hauptfach Theologie aber schwebte in Tübingen infolge der unumschränkten Geltung der Konkordienformel die Wolke der Unduldsamkeit, die in gleicher Weise die Haltung der Lehrer wie der Studenten bestimmte. Ihr beugten sich die Professoren Heerbrand, Siegwart, der Polemiker gegen die Calvinisten, und auch der weitgereiste Superintendent des Stiftes Stephan Gerlach, der Polemiker gegen Jesuiten und Calvinisten. Nur Hafenreffer scheint von milderer Gesinnung gewesen zu sein, nahm allerdings später gegen Kepler besonders scharf Stellung. Gegen diese starre und strenge Orthodoxie sträubte sich Keplers ganzes Wesen schon in den Klosterschulen. Das ursprüngliche Postulat des Protestantismus, daß nur das Wort der Heiligen Schrift maßgebend sei, berechtigte nach seiner Meinung jeden zur Nachprüfung der vorgetragenen und zur Annahme einer mit Überzeugung gewonnenen anderen Auslegung. »Ich ehre in allen drei Religionsbekenntnissen das, was ich mit dem Worte Gottes übereinstimmend finde, protestiere aber ebensowohl gegen neue Lehren wie gegen alte Ketzereien.« Diese Haltung machte Kepler zu einem unbequemen Stipendiaten. Wie sollte das enden? Jedenfalls hatte er schon früher bei sich beschlossen: »da ich auf Kosten des Herzogs von Württemberg verhalten wurde und sehen mußte, wie meine Studiengenossen, die der Fürst ins Ausland schicken wollte, aus Liebe zur Heimat verschiedentlich Ausflüchte gebrauchten, bereitwilligst zu folgen, wohin es auch gehen sollte«.

Vor diese Entscheidung wurde Kepler schneller gestellt, als er dachte – und sie wurde in nicht vorherzusehender Weise bestimmend für sein ganzes Leben. Kurz vor dem Abschluß des theologischen Studiums forderten die Inspektoren der protestantischen Stiftsschule in Graz, einem mehrfach geübten Brauch folgend, in Tübingen einen Professor für Mathematik an. Im Januar 1594 empfahl Mästlin Kepler für diese Stelle und überredete ihn, sie anzunehmen – sei es nun, daß er hier das Feld sah, welches Keplers Begabung eine freie Entfaltungsmöglichkeit geben würde, sei es, daß man gegen den Theologen Kepler wegen seines frühen Eintretens in Disputationen für das theologisch umstrittene Copernicanische Planetensystem Mißtrauen hegte.

Kepler nahm das Angebot an. So »bot sich nun zuerst ein astronomisches Amt, zu dessen Übernahme ich jedoch (um die Wahrheit zu sagen) durch das Zureden meiner Lehrer gedrängt werden mußte; nicht weil ich die weite Entfernung des Ortes gefürchtet hätte – hatte ich ja doch eine solche Furcht bei anderen verurteilt –, sondern wegen der unerwarteten und verachteten Art des Amtes [man stellte damals das Kirchenamt über das Lehramt] und der Dürftigkeit meiner Ausbildung in diesem Teil der Philosophie. Ich nahm an, mehr mit Talent als mit Wissen ausgerüstet, mit der wiederholten Beteuerung, ich stehe von meinem Recht auf eine mir glänzender erscheinende Lebensstellung nicht ab«; d. h. er behielt sich ausdrücklich das Recht der Wiederaufnahme und Vollendung des Theologiestudiums vor.

In Graz brach sein Genie durch; schon bald stand der Entschluß fest, der Theologie zu entsagen. Er schrieb seinem Lehrer Mästlin, als er ihm nach Jahresfrist seine erste neuartige astronomische Idee mitteilte: »Ich wollte Theologe werden, *lange war ich in Unruhe*. Nun aber sehet, wie Gott durch mein Bemühen auch in der Astronomie gefeiert wird.«

Graz (1594–1600)

Am 24. März 1594 verließ der 22jährige Magister Artium Johannes Keplerus die Alma Mater Tubingensis, kaum ahnend, wie sehr er sich nach ihr zurücksehnen, wie endgültig dieser Abschied sein sollte. Er reiste mit dem Geld, welches ihm der Regens des Stifts, Professor Stephan Gerlach, geliehen hatte, begleitet von einem Vetter; durch diesen das Leihgeld zurückzusenden, hatte er versprochen. In Graz legte er sofort die Reisekostenrechnung vor: »Von Tübingen auss, biss allhero von Zehrung, Wechsel, Fuhrlohn und anderer Notturfft zusamen gerechnet 31½ fl.« Wechsel (der Pferde) und Fuhrlohn bezeugen, daß die rund 650 Kilometer im Wagen zurückgelegt wurden. Er wurde angestellt als Mathematiklehrer der steyrischen Landschaft an der »Stiftsschule in Grätz« – aber mit einer Probezeit von ein bis zwei Monaten, »ob er dem Mag. Stadio seligen digne succedirn khönne« (ob er dem verstorbenen Magister Stadius würdig nachfolgen könne). Sein Gehalt betrug vierteljährlich 37 ½ Gulden. Bis zu seiner Heirat im Jahre 1597 wohnte er kostenlos in der evangelischen Stiftsschule. 1602, nach der Gegenreformation, wurde in dieser Schule ein Clarissinnen-Kloster eingerichtet; heute heißt der Platz »Paradeiser Hof«; das im wesentlichen noch erhaltene schöne Gebäude trägt eine an Keplers Wirken erinnernde Tafel.

In Graz nahm er vor allem »die Mathematik ernstlich in Angriff«. Aus vielfachen Berichten der Grazer Schulinspektoren ist zu ersehen, wie schnell sich Kepler hohes Ansehen erwarb; so habe »sich schon anfangs perorando, hernach docendo und dan auch disputando ... erwisen, das wir anders nit iudicirn khönnen, dann das Er bei seiner Jugent ein gelehrter und in moribus ein beschaidner und diser Einer Ersamen Landschafft Schuell allhie ein wolanstehunder Magister und professor« sei. Aber schon im zweiten Jahr fehlte es an Hörern – die Stiftsschule wurde besonders von jungen Adligen besucht –, »weil Mathematicum studium nit Jedermans thuen ist«; deshalb mußte er jetzt zusätzlich Vergil und Rhetorik lehren! Zu seinen Verpflichtungen gehörte die Anfertigung der besonders honorierten Jahreskalender; so erscheint Kepler im Lehrerverzeichnis auch als »Mathematicer und Calendermacher«; schon nach vier Monaten, am 1. August 1594, gab er den ersten Kalender heraus. Es sind schön in Schwarz und Rot gedruckte Kalender mit astronomischen Angaben über Mondphasen, den Stand der Planeten und der Sonne in den Sternbildern, mit den Sonntagsevangelien, freiem Raum für Eintragungen und auch mit kurzen Artikeln über astronomische und physikalische Fragen. Angefügt sind »Prognostica«: die Aussichten für das Wetter und für die Ernte, politische Prophezeiungen und allgemeine Prognosen astrologischer Art. An letztere dachte Kepler, wenn er das Kalenderschreiben begründete: »Um das jährliche Gehalt, meinen Titel und Wohnort zu halten, muß ich törichtem Vorwitz willfahren.« Obwohl er »selber nicht zu viel von der Astrologie hält«, verfaßte er in der Folgezeit nicht ungern solche »Tractätl«, denn er verfolgte zugleich eine moralische Absicht damit: »Wir benützen die ungeordneten und verderblichen Begierden der Menge, um ihr als Heilmittel geeignete Mahnungen unter der Form von Prognostiken verhüllt einzuträufeln, Mahnungen, die zur Beseitigung dieser Krankheit beitragen und die wir auf andere Weise kaum anbringen könnten.« Da die Beschäftigung mit diesem »Kalender«-Problem Keplers ganzes Leben durchzieht, wird er gerne als Kronzeuge für die Astrologie herangezogen; wir wollen deshalb etwas näher hierauf eingehen.

Keplers Einstellung zur Astrologie, mit der er schon als Student vertraut geworden war, wich bereits in den frühesten Prognostiken von den herrschenden Ansichten ab, so wenn er im Kalender für 1598 sagt: »Demnach die erfahrnus bezeüget, das die schöne Gottesgab und edele Kunst von des Himmels lauff und würckung nichts mehr in verachtung gebracht, dan das man ihr zuvil zugelegt, und durch unzimlich aberglaubisches berhüemen die Gelehrte von ihr abwendig gemacht: Alß hab ich mich in zweyen nechst vergangener Jahr meinen Practiken understanden, sollichen unmäßigen Rhuem der Astrologie zubeschneiden, und anzuzeigen, das auff die jährliche Prognostica, so man den Calendern anhefftet, khaines wegs zubawen.«

Dienerin der Astronomie zu sein hält Kepler für die Aufgabe der Astrologie. »Wenn Gott jedem Tierlein Werkzeuge zur Erhaltung seines Lebens gegeben hat, warum soll es dann nicht recht sein, wenn er in derselben Absicht den Astronomen die Astrologie zuteilt?« Oder ein andermal: »Es ist wol diese Astrologia ein närrisches Töchterlin, aber lieber Gott, wo wolt ihr Mutter die hochvernünfftige Astronomia bleiben, wann sie diese ihre närrische Tochter nit hette, ist doch die Welt noch viel närrischer«; oder noch deutlicher: »Die Dirne Astrologia muß ihre Mutter Astronomia aushalten« – sonst könnten die Astronomen verhungern.

Keplers Begründung der Astrologie geht zurück auf seinen Glauben an eine kosmische Gebundenheit des Menschen, die nichts zu tun hat mit den herkömmlichen Regeln der Astrologen, nach denen sie vorgeben, aus den Gestirnen Einzelschicksale voraussagen zu können. Im Gegensatz zu diesem »abergläubischen, waarsagerischen und sortilegischen Affenspiel« – aus »Ruhmsucht und Furcht, Dingen, die die Natur nicht enthält«, betrieben – nimmt Keplers Astrologie ihren Ausgang von der aus seiner Aspektenlehre gewonnenen Erfahrung der Sinne. »Wan die liechtstralen zweyer Planeten hie auf Erden einen gefüegen Winckhel machen« (das sind Winkel, die entstehen, wenn man den Tierkreis nach gewissen harmonischen Verhältnissen teilt), so nehme die beseelte sublunarische Natur vermöge eines ihr angeborenen geometrischen Instinkts diese harmonische Konstellation wahr und erfahre unbewußt eine Erregung: die Erde und ihre Lebewesen werden das, was sie ohnehin zu tun bereit seien, mit um so größerem Eifer verrichten. Die Wirkung, und das muß betont werden, werde also nicht hervorgerufen durch die Planeten und ihre Lichtstrahlen an und für sich, sondern so, »daß unangesehen ein jede Sach dasjenige, was sich mit ihr begibt, selbst thut, das Kraut selbst wächset, das Thier selbst schläffet oder wachet, der Mensch selber krieget oder fried hält: dannoch all ihr Thun und Lassen durch diese hieniden auff Erden anwesende, und von den Creaturen vermerckte Liechtstralen, und durch die Geometriam oder Harmoniam, so sich zwischen ihnen durch Mittel ihrer bewegung zuträgt, ihren schick empfahe, und underschiedlich formiert und verleyttet werde, nicht anderst, als wie die Herde von deß Hirten Stimm, und die Roß am Wagen durch deß Fuhrmans Anschreyen, der Bawerntantz durch die Sackpfeiffen.«

Eine kausale Begründung dafür kann Kepler nicht liefern – allein, wenn jemand erklären könnte, warum die Geometrie in der Musik den Menschen ergreift, »würde ich mit derselben Begründung dartun, warum die Geometrie in den Strahlen der Gestirne die Wesen unter dem Mond anregt.«

Eine Voreingenommenheit durch seine Harmoniegedanken ist unverkennbar. Aber seine Kritik bleibt wach. Letzten Endes ist auch Astrologie für ihn ein naturwissenschaftliches Problem. Nach dem Grundsatz, alles in der Natur zu suchen, »was dem Menschen je zu ausgezeichnetem Nutzen dienen kann«, macht er nichts so sehr von der Erfahrung abhängig wie seine astrologischen Anschauungen. »Alles, was in der Astrologie einer Erfahrung gleich sihet, und sich nicht offenbarlich auff kindische fundamenta zeucht, das halte ich für würdig, daß man darauff achtung gebe, ob es sich gewöhnlich also verhalte und zutrage: Und wann es dann sich fast zu einer Beständigkeit anlässet, so halte ichs nun ferner für würdig, daß ich der Ursachen nachtrachte, verwirff es auch nicht gleich gantz und gar, wenn ich schon die Ursach nicht völlig erlernen kan.« Sein Verdienst um die Astrologie sieht er darin: »Hab mich auch hernach befliessen, auß derjenigen Erfahrung, welche die Prob behalten, eine scientiam oder Wissenschaft zu machen, welches mir meines erachtens nicht allerdings mißlungen: verhoff solche scientia werde neben vielen Stücken der Medicina sich dürffen sehen lassen.« Die zahlreichen Äußerungen Keplers zu dieser Lehre halten sich in Ablehnung und Billigung die Waage in dem Bemühen, das Kind nicht mit dem Bade auszuschütten. Man fühlt direkt seine Not, sich allgemein verständlich zu machen, schon in der Häufung bildhafter Vergleiche: »Es soll niemandt für ungläublich halten, daß auß der Astrologischen Narrheit und Gottlosigkeit nicht auch eine nützliche Witz und Heyligthumb, auß einem unsaubern Schleym nicht auch ein Schnecken, Müschle, Austern oder Aal zum Essen dienstlich, auß dem großen Hauffen

Raupengeschmeyß nicht auch ein Seydenspinner, und endtlich auß einem übelriechenden Mist nicht auch etwan von einer embsigen Hennen ein gutes Körnlin, ja ein Perlin oder Goldtkorn herfür gescharret und gefunden werden köndte.«

Aber noch eine andere Kalenderfrage beschäftigte Kepler in diesen und in noch viel späteren Jahren. 1582 hatte Papst Gregor XIII. als Ergebnis von Jahrhunderte währenden Verhandlungen auf Beschluß des Konzils von Trient vom 4. Dezember 1563 mit der Bulle »Inter Gravissimas« den bis dahin gültigen und schon im 13. Jahrhundert als fehlerhaft erkannten Julianischen (nach Gajus Julius Caesar genannten) Kalender außer Kraft gesetzt. Man mußte zehn Tage überspringen, damit man ihn mit neu festgelegten Schaltjahren am 15. Oktober 1582 durch das »Calendarium Gregorianum Perpetuum«, den heute allgemein gültigen Gregorianischen Kalender, ersetzen konnte. Aber damals wehrten sich die protestantischen Länder gegen diese »aus Mutwillen und Bosheit entstandene Mißgeburt« – denn ein Protestant lasse »sich vom Antichrist nicht in die Kirche läuten«! Das katholische Graz zwang die evangelische Stiftsschule, den neuen Kalender zu benutzen. Tübingen lehnte ihn jedoch ab, und Mästlin vertrat sogar öffentlich die alte Ordnung. Kepler trat für die Neuerung ein; ein langer Brief an Mästlin zeigte beispielhaft die Festigkeit und Unerschrockenheit, mit der er zu allem stand, was er »in seinem Innern als wahr erkannt« hatte: »Ich bitte Euch, geliebter Lehrer, Ihr möget es nicht übel aufnehmen, wenn ich Euch meine Gedanken über den Kalender auseinandersetze.« Mit Verständnis – wenn auch mit leisem Spott und Unbehagen – bespricht er einleitend die konfessionell-politischen Argumente für die Ablehnung des neuen Kalenders durch die nördlichen protestantischen Länder. »Aber ich bin ein arger Ketzer. Was will denn das halbe Deutschland machen? Wie lange will es sich von Europa abspalten? ... Seit nunmehr 150 Jahren fordern die Astronomen und auch Luther selber mit Ungestüm eine Änderung ... Wollen unsere Landsleute denn den Astronomen den Mund zuhalten?« Mästlins Frage nach dem Nutzen des neuen Kalenders beantwortete er mit dem Gedanken, der sich in vielfachen Variationen in seinen späteren Schriften wiederholt: »Die Astronomen sind nicht nur auf den Nutzen, sondern auch auf Ordnung und Schönheit bedacht. Wenn es Gott gefallen hat, die Welt mit vollkommenen Quantitäten auszustatten, warum sollten die Astronomen nicht auch im Kalender eine gewisse Vollkommenheit anstreben? Der gleiche Ordnungssinn müßte auch die Fürsten veranlassen, in dieser neutralen Sache nicht länger eigene Wege zu gehen.« Noch sei es Zeit, ohne kaiserlichen Zwang in die neue Ordnung einzuwilligen – nicht um sich dem Papst zu unterwerfen, »sondern weil wir sie für gut halten«.

Astronomische Erkenntnis und Vernunft sollten an die Stelle konfessioneller Voreingenommenheit und Animosität treten. Noch Jahre später bemühte er sich darum vergeblich, unter anderem 1613 in Gutachten für den Regensburger Reichstag.

Eine in deutscher Sprache geschriebene Abhandlung – »von einem liebhaber der warheit« verfaßt – soll helfen, »die privataffekte von der warheit zu unterschaiden«. Neben seinen astronomischen Gründen steht das Bedauern, daß selbst Mathematiker mit religiösen und politischen, statt mit mathematischen Argumenten operierten und so »Unfrieden und Trennung im Reiche« unterstützten: »Unsere Studia seynd unpartheyisch, dem Menschen nützlich, der Rhue, Fridens und Einigkeit begirig.« Doch mehr als 150 Jahre mußten vergehen, bis Keplers Rat befolgt, bis der Gregorianische Kalender auch in den nördlichen Ländern angenommen wurde. Alle Daten mußten nach beiden Zählungen (etwa 5./15. April, d. h. nach altem und neuem Kalender) angegeben werden.

Wir haben diese für Keplers Werk nebensächliche, für seine Persönlichkeit jedoch charakteristische Episode ausführlicher dargelegt; enthält sie doch beherzigenswerte Gedanken auch für unsere Zeit, die noch immer nicht frei ist von unsachlichen, ephemeren ideologischen Urteilen über unwiderlegbare Konsequenzen der Ergebnisse naturwissenschaftlicher Forschung.

In späteren Jahren griff Kepler eine andere Kalenderfrage auf: Ist der Beginn unserer Zeitrechnung, das Geburtsjahr Christi, richtig festgelegt? Ihr widmete er nicht weniger als fünf Bücher. 1604 beobachtete er das Erscheinen eines neuen hellen Sternes »im Fuß des Sternbilds Schlangenträger«, einer sogenannten Nova. Über die Fixsternwelt war damals nichts bekannt; so überlegte Kepler, ob das Erscheinen des neuen Sterns mit einer besonderen, gerade damals vorhandenen Konstellation der Planeten zusammenhinge; dabei fragte er sich, ob der »Stern von Bethlehem« etwa auch eine Nova unter gleichen astronomisch-astrologischen Aspekten gewesen und damit nach den Gesetzen der Planetenbewegungen datierbar sei. Hieraus wurde das Problem, ob sich aus Überlieferungen über astronomische Erscheinungen während der Lebenszeit Christi das Geburtsjahr ermitteln lasse. Nach mehrjährigem Quellenstudium kam er zu der heute als gültig angesehenen Schlußfolgerung, daß unsere auf den Mönch Dionysius Exiguus zurückgehende christliche Zeitrechnung fünf bis sechs Jahre zu spät anfängt.

Um die jungen Lehrer der Stiftsschule an die Stadt zu fesseln, wünschte man deren baldige Heirat; in einzelnen Fällen wurde sie sogar vermittelt. So machte man auch Johannes Kepler, eben, da er 1595 über die Entdeckung seines »Weltgeheimnisses« frohlockte, wiederholt auf eine junge Frau aufmerksam, die bald sein »Herz in Flammen setzte«. Er zog den Inspektor und einen Professor der Stiftsschule ins Vertrauen, die nach dem Brauch der Zeit als Brautwerber oder »Beschickherren« bei dem reichen Mühlenbesitzer Jobst Müller, dessen Gut Mühleck auf der Markung Gössendorf südlich Graz lag, anfragten, wie er und seine Sippe sich zu einer ehelichen Verbindung des Stiftslehrers mit Müllers ältester Tochter Barbara stellen würden, die 22jährig gerade zum zweitenmal Witwe geworden war. Den Wünschen ihres Vaters nach einem begüterten Freier für seine schöne Tochter standen das geringe Einkommen und die noch wenig geachtete Stellung Keplers entgegen; es boten sich bessere Partien. Als Kepler vollends von Beginn des Jahres 1596 bis in den Herbst wegen des Drukkes seines »Weltgeheimnisses« in Württemberg weilte, arbeitete der Landschaftssekretär Speidel gegen ihn. Bei der »frohen Rückkehr wurde mir insgeheim mitgeteilt, ich hätte meine Braut verloren ... Erst die Autorität der Behörde machte Eindruck auf die Leute ... Daher bearbeiteten nun alle um die Wette den Sinn der Witwe und ihres Vaters und eroberten ihn und bereiteten mir so die Heirat.« Die Trauung wurde am 27. April 1597 in der Stiftskirche vollzogen, die Hochzeitsfeier in der seitherigen Wohnung der Braut im Haus des Georg Hartmann von Stubenberg in der Stempfergasse mit großen Auslagen Keplers aufs glänzendste ausgerichtet. »In Untertänigkeit« hatte er die Verordneten der Landschaft zum großen Festessen gebeten, »fürnemlich aber dem Heiligen Ehestandt zu Ehrn, wie auch mir zu sonderer gnad«. Sie erwiderten diese Einladung mit der Verehrung eines silbernen Bechers im Wert von 27 Gulden.

Die Ehe mit Frau Barbara war nicht sehr glücklich. Kepler entschuldigte die Schwächen seiner Frau mit deren steter, mit den Jahren zunehmender Kränklichkeit. Zwar stand sie im Ruf der Ehrbarkeit, Rechtschaffenheit und Sittsamkeit. Doch im häuslichen Kreis war sie »von einer blöden, verdrossenen, einsamen melancholischen Complexion«, dabei von zorniger Art. »Da hab ich mich«, so bekennt Kepler, »hingegen zum streitt auffbringen lassen und sie geraitzet, ist mir laid, hab mich wegen meins studirens nit alweg besunnen: hab aber an jr lehrgelt geben und gelehrnet gedult zu haben.« Ihrer Klage, er habe sie mit kurzen Worten abgefertigt, setzt Kepler die Entschuldigung entgegen: »Das ist wol offt geschehen, wan ich gestudirt hab und sie mich zun Unzeitten von haussachen angeredt hatt, dan sie hatt khain ordnung gehalten und ich hab auch streng studiren müessen.« Doch wir sehen auch aus vielen Briefen, wie sehr er mit ihr das Leid um den Tod der Kinder teilte. Auch später in Prag fühlte sich Frau Barbara nie heimisch. Gerade als Kepler ihr die Kunde von der Übersiedlung nach Linz und damit die Hoffnung auf das Ende der Geldsorgen brachte, die in Prag so oft der Anlaß zu Zwistigkeiten waren, erkrankte sie an ungarischem Fleckfieber. »Hierbei rächte sich ihre Barmherzigkeit an ihr, da sie sich von dem Besuch von Kranken nicht abhalten ließ. In melancholischer Mutlosigkeit, in der traurigsten Geistesverfassung hauchte sie schließlich am 3. Juli 1611 ihre Seele aus.«

Anläßlich der Heirat werden wir erstmals mit einer Charaktereigenschaft Keplers bekannt, die später immer stärker zum Vorschein kam: dem Bedürfnis, vor einer Entscheidung in aller Offenheit anderen gegenüber bis ins kleinste die Eventualitäten abzuwägen, die sich aus diesem Schritt ergeben. So machte er jetzt keinen Hehl daraus, daß ihm das Vermögen der Braut wichtig war; denn »wer darbt, ist ein Sklave; er entbehrt der Freiheit zur geistigen Arbeit«. Vom Vermögen der Frau aber zu leben, »mit seinen Spekulationen womöglich den Untergang der Familie zu erkaufen – das wäre weder ehrenhaft vom philosophischen Standpunkt aus, noch fromm vom religiösen«. So mußte er eben des Geldes wegen Kalender schreiben, »eine bei Gott höchst lästige Sklavenarbeit«. Denn die finanziellen Verhältnisse des jungen Paares gestalteten sich durch Streitigkeiten wegen der Mitgift anfangs nicht besonders günstig, obwohl das Gehalt um 50 Gulden Wohnungsgeld erhöht wurde, als er die Freiwohnung im Stift aufgab und in die Stempfergasse übersiedelte. Außerdem bezog er einen namhaften Erziehungsbeitrag für das siebenjährige Töchterchen Regina aus der ersten Ehe Frau Barbaras.

Dieses Stieftöchterchen, Rögel gerufen, blieb Keplers Freude, auch als eigene Kinder kamen. Zum Leid der Eltern starben die beiden ersten, ein Knabe und ein Mädchen, bald nach der Geburt, das Lieblingssöhnchen Friedrich – »in jeder Hinsicht konnte man es eine morgendliche Hyazinthe in den ersten Frühlingstagen nennen« – mit sechs Jahren an den Pokken. Von den fünf Kindern der Ehe überlebten nur Susanna und Ludwig die Eltern.

Regina heiratete 1608 den Gräflich Isenburgischen Rat und Gesandten Philipp Ehem, Susanna 1630 den jungen Gelehrten Jakob Bartsch in Straßburg. Ludwig wurde Stadtphysikus von Königsberg und Leibarzt des Kurfürsten von Brandenburg; mit seinen Söhnen ist 1690 die Linie des Astronomen Kepler im Mannesstamm erloschen; dagegen können sich noch manche rühmen, Nachkommen der weiblichen Linie zu sein. Susanna und Ludwig werden uns noch später begegnen.

Die Astronomie vor Kepler

In der zweiten Hälfte des 16. Jahrhunderts standen sich zwei Auffassungen über das Planetensystem gegenüber: das *geo*zentrische und das *helio*zentrische Weltsystem; die »Welt« war in beiden Systemen der von der Himmelskugel, welche die Fixsterne trägt, umschlossene Raum.

Das *geozentrische* (griech. *gä* = die Erde; lat. *centrum* = Mittelpunkt) oder Ptolemäische System wurde im zweiten nachchristlichen Jahrhundert von Ptolemäus in Alexandria ausgearbeitet; nach dem Verfall der griechischen Naturwissenschaft hatten die Araber das Werk gerettet, den griechischen Titel zu der Bezeichnung »Almagest« verstümmelt, die sich bis heute erhalten hat. Das Ptolemäische System beruht auf der Annahme, daß die ruhende Erde von Mond, Sonne, Planeten (»Wandelsternen«) und von der die »Fixsterne« tragenden Himmelskugel von Osten nach Westen umlaufen wird, so wie wir es eh und je sehen. Jedoch beobachteten schon die griechischen Astronomen, besonders Hipparch von Nicaea (zweite Hälfte des zweiten Jahrhunderts v. Chr.), gewisse Unregelmäßigkeiten in den Planetenbewegungen, etwa daß der Mars – verglichen mit der Fixsternbewegung – eine gewisse Zeit nach Osten, dann wieder nach Westen und so fort läuft, daß er, wie man sagt, abwechselnd rückläufig und rechtläufig ist. Die schon von Apollonius von Perga (ca. 265–170 v. Chr.) in seinen »Kegelschnitten« entwickelte Vorstellung, daß die Planeten außer den großen Zyklen kleine »Epizyklen« ausführen, wird im »Almagest« quantitativ ausgebaut. Der Planet mache nicht eine einfache Bewegung auf einem Kreis um die Erde, sondern führe gleichzeitig noch eine kleine kreisförmige Bewegung mit viel kleinerem Radius aus, den Epizyklus, welcher jährlich einmal durchlaufen wird. Aber es blieben kleine Ungleichmäßigkeiten der Planetenbewegungen, die mit der Annahme von Epizyklen nicht beseitigt waren. Sie führten zu weiteren Annahmen, etwa daß die Erde nicht genau im Mittelpunkt der Planetenbewegungen ruhe, daß die großen Zyklen etwas exzentrisch seien. Zwei auf Aristoteles zurückgehende Voraussetzungen der damaligen Astronomie galten als unangreifbar: die in sich zurücklaufenden Planetenbahnen können als »natürliche Bewegungen« nur Kreise sein, und diese werden mit konstanter Geschwindigkeit durchlaufen.

Die dem Sinneneindruck entsprechende zentrale Stellung der Erde, bewohnt vom Menschen, der Krone der Schöpfung, galt später durch Worte der Bibel als gesichert. Nach theologisch-naturphilosophischer Weltanschauung ist der Weltraum in zwei Bereiche geteilt: Der die Erde umlaufende Mond trennt den »sublunaren« oder irdischen Bereich von dem »aetherischen« oder himmlischen Bereich der Sonne, der Planeten und der Sterne; zwischen beiden gibt es keinerlei Verbindung. Nur der sublunare Bereich ist Veränderungen unterworfen – Tag und Nacht, Sommer und Winter, Erdbeben und Vulkanausbrüche, Leben und Tod. Außerhalb der Mondbahn laufen Sonne und Planeten auf »kristallenen Sphären«. Für die Körper in ihrem Bereich bis zur Fixsternsphäre gilt, daß sie »in alle Ewigkeit unveränderlich sind; sie nehmen nicht zu, nicht ab, noch ändern sie sich, sei es an Zahl oder an Größe oder an Helligkeit oder in sonst irgendeiner Beziehung«.

Gegen diese Prinzipien waren von Tycho Brahe zwei wesentliche Einwände erhoben worden. 1572 beobachtete er im Sternbild der Cassiopeia eine »Nova«, einen außerordentlich hellen neuen Stern, und konnte zeigen, daß dieser nicht im sublunaren, sondern im aetherischen Bereich erschien; dieser ist also nicht unveränderlich. Wenige Jahre später erkannte Brahe, daß das Erscheinen des neuen Sterns ein ganz andersartiges Phänomen als das plötzliche Auftreten eines Kometen war. 1577 verfolgte er die Bahn des großen Kometen, desselben, den Keplers Mutter ihrem sechsjährigen Sohn gezeigt hatte. Brahe wies nach, daß seine Bahn ebenfalls außerhalb der Mondbahn laufen muß, quer durch die feste Sphäre, welche als Trägerin der Venus angenommen war: die kristallenen Sphären konnten also nicht bestehen – »der Annahme ihrer Existenz, die sich mehr auf die Autorität der Alten als auf die Wahrheit gründet, kann ich nunmehr in keiner Weise beipflichten«. Obwohl – auch schon im Altertum – andere Vorstellungen über das Planetensystem vorgeschlagen worden waren, blieb das Ptolemäische geozentrische System bis zum Anfang des 16. Jahrhunderts das einzige, welches unter Auswertung astronomischer Messungen mathematisch ausgearbeitet war. Man versteht so die Anerkennung, die ihm in allen Gelehrtenkreisen zuteil wurde.

Das *heliozentrische* (griech. *helios* = Sonne, lat. *centrum* = Mittelpunkt) oder Copernicanische System wurde unter Aufgreifen einer Überlegung des Griechen Aristarch von Samos (um 310–250 v. Chr.) in den Jahren von etwa 1507 bis 1514 von Nikolaus Copernicus, Domherr von Frauenburg, entwikkelt, eine – »more ptolemaico«, nach der Methode des Ptolemäus, wie Kepler sagt – mathematische Darstellung der mittlerweile verbesserten und vermehrten Messungen der Planetenbewegungen durch arabische Astronomen. Die Sonne als Mittelpunkt des Planetensystems wird von den »inneren« Planeten Merkur, Venus, sodann der Erde, und den »äußeren« Planeten Mars, Jupiter, Saturn auf Kreisbahnen mit konstanter Geschwindigkeit umlaufen; man nennt diese Umlaufbewegungen »Revolutionen« der Planeten um die Sonne. Die Erde ist also einer der Planeten; sie wird auf ihrem Weg um die Sonne vom Mond umlaufen. Außer ihrer jährlichen »Revolution« um die Sonne macht sie eine tägliche »Rotation« um ihre Polachse. Auf dieser beruht die – also scheinbare – tägliche Drehung der Fixsterne um die Erde. Der Vorteil des Copernicanischen Systems war, daß das komplizierte Epizyklensystem fortfiel. Die *beobachteten* Bewegungen der äußeren Planeten Mars, Jupiter und Saturn um die Erde sind ihre wirklichen Bewegungen um die Sonne; die Epizyklen sind nur scheinbare, durch die Revolution des Beobachters auf der Erde um die Sonne vorgetäuschte Bewegungen. Bei der beobachteten Bewegung der inneren Planeten Merkur und Venus ist es gerade umgekehrt; der in Richtung der scheinbaren Sonnenbewegung erfolgende Umlauf beruht auf der Revolution der Erde um die Sonne; ihre Epizyklen, die uns als eine Bewegung um die Sonne erscheinen – wir sehen die Venus abwechselnd als Abend- oder Morgenstern, also einmal der Sonne etwas nach-, das anderemal etwas vorauseilend, nie aber, wie die äußeren Planeten, über den ganzen Himmel laufen –, diese Epizyklen von Merkur und Venus beruhen auf ihrer Revolution um die Sonne.

Copernicus hielt also – wie übrigens auch Galilei – an dem aristotelischen Prinzip der mit konstanter Geschwindigkeit durchlaufenen Kreisbahn fest; aber die biblische Forderung der zentralen Stellung der ruhenden Erde und die naturphilosophische Anschauung einer völligen Trennung der irdischen von den himmlischen Sphären gab er auf.

Die außerordentlich große Bedeutung der Copernicanischen Vorstellung liegt in der Berechenbarkeit der relativen Abstände der Planeten – relativ heißt bezogen auf den Abstand der Erde von der Sonne; weil die (scheinbare) Epizyklenbewegung in Wirklichkeit die Bewegung der Erde um die Sonne ist, ist der beobachtete Durchmesser der Epizyklen, etwa des Mars, der Durchmesser der Erdbahn, gesehen vom Mars. Der Durchmesser der Jupiterepizyklen ist um so viel kleiner, als die Entfernung des Jupiter größer als die Marsentfernung ist. Die Messungen der Planetenbahnen waren damals schon so genau, daß sich kleine Abweichungen zwischen den berechneten und den gemessenen Planetenbahnen zeigten. Um diese Abweichungen zu beseitigen, mußte Copernicus zwei Zusatzannahmen machen: Der Mittelpunkt der Planetenkreise falle nicht genau mit dem der Sonne zusammen, es bestehe eine kleine Exzentrizität; und den Planeten mußte doch noch eine kleine Epizyklenbewegung zugeschrieben werden, mit einem Durchmesser von nur etwa einem Drittel der Exzentrizität.

Das heliozentrische System, veröffentlicht 1543 im Todesjahr des Copernicus in Nürnberg, »De Revolutionibus Orbium Coelestium« (»Über die Umwälzungen der himmlischen Bahnen«), war entschieden einfacher als das geozentrische des Ptolemäus, wenn auch nicht so einfach, wie es zuerst erschien. Aber es gab auch gegen dasselbe einen gewichtigen Einwand. Wenn die Erde eine weite Bahn um die Sonne macht, wodurch die großen ptolemäischen Epizyklen der

Planeten für den Beobachter auf der Erde vorgetäuscht sind, so müßten die Fixsterne ebenfalls eine solche scheinbare jährliche Hin- und Herbewegung machen: das Abbild der Erdbewegung auf der Fixsternkugel. Freilich war nur eine sehr kleine Hin- und Herbewegung der Fixsterne zu erwarten, wegen der großen Entfernung der Fixsternkugel noch kleiner als beim Saturn. Aber man fand gar nichts – erst 1838 gelang der Nachweis dieser »Parallaxe« für einige der näheren Fixsterne. Die Vorstellung, daß die Sterne »mindestens tausendmal weiter entfernt« seien als der Saturn, war damals undenkbar. Die Annahme einer die Fixsterne tragenden Himmelskugel war kaum bestritten, obwohl schon 150 Jahre früher der Brixener Kardinal Nikolaus von Kues (an der Mosel, nach seinem Geburtsort oft Kusanus, der Kusaner, genannt) das System der Pluralität der Welten entwickelt hatte: Die Fixsterne seien ferne Sonnen im weiten Weltenraum, mit Planeten verbunden und wohl auch mit »Erden«, welche Lebewesen tragen. Jeder auf einer solchen fernen Erde lebende Mensch würde, wie Kusanus sagt, sich selbst als Mittelpunkt aller Welten vorkommen. Die »bewegte Erde« war also durch Beobachtungen zur damaligen Zeit nicht beweisbar, und nach Worten der Bibel sollte die Erde ruhen, die Sonne hingegen bewegt sein. Deshalb stellte der dänische Astronom Tycho Brahe ein neues Planetensystem auf: Die Erde ruht im Mittelpunkt der Welt; die Sonne wird von den Planeten auf Kreisbahnen umlaufen; die Sonne mit den sie umkreisenden Planeten kreist um die ruhende Erde. Es war ein theologisch-astronomischer Kompromiß!

Noch ein Wort zu den Planetenmessungen. Die Beobachtungen der »scheinbaren«, d. h. auf die Erde als Bezugspunkt bezogenen Planetenbewegungen gehen schon zurück auf Babylonier, Assyrer und Griechen; besonders Hipparch war ein meisterhafter Beobachter, der bereits genaue Tabellen anlegte. Während Keplers Jugend führte Tycho Brahe auf seiner Sternwarte Uraniborg auf der Insel Hven neue, wesentlich zuverlässigere Messungen der Planetenbewegungen aus. Auch er hatte noch kein Fernrohr; gemessen wurden vor allem mit seinem großen »Mauerquadranten« die Höhenwinkel und

Zeiten, wenn die Planeten einen bestimmten Vertikalkreis am Himmel passierten. Diese Braheschen Planetenmessungen sollten später die Grundlage für Keplers »Erneuerung der gesamten Astronomie« werden. Doch zunächst kehren wir noch einmal zu Kepler nach Graz zurück.

Mysterium Cosmographicum

Kepler war von Anfang an von dem Copernicanischen System, dessen Grundlagen ihm sein Lehrer Michael Mästlin vermittelt hatte, fasziniert. Eine Tübinger Disputation, in welcher er dafür eintrat, ist nicht erhalten. Mästlin dürfte sich kaum allzusehr für dieses System eingesetzt haben, da es aus weltanschaulichen Gründen angreifbar war. Eine seiner Grazer Aufgaben, die Verfertigung astrologischer »Prognostica« und jährlicher Kalender, ließ Kepler immer tiefer über die wunderbare Ordnung »der ruhenden und der bewegten Welt« nachdenken, über die natürlichen und übernatürlichen, die physischen und metaphysischen Ursachen dessen, was wir am Himmel sehen.

Nach seinem Zeugnis erschien ihm am 19. Juli 1595 die Lösung des »Weltgeheimnisses«: Es gibt nur sechs Planeten; sie laufen nach Copernicus auf Kreisen oder »Sphären« in wachsendem Abstand um die Sonne: Merkur, Venus, Erde, Mars, Jupiter, Saturn. Es gibt nur fünf reguläre Körper: Tetraeder (Vierflächner), Würfel oder Hexaeder (Sechsflächner), Oktaeder (Achtflächner), Dodekaeder (Zwölfflächner), Ikosaeder (Zwanzigflächner). Setzt man diese fünf Körper in bestimmter Reihenfolge ineinander, so kann man *in* den innersten, sodann *zwischen* zwei aufeinanderfolgende und schließlich *um* den äußersten der Körper je eine Kugelfläche, eine »Sphäre«, legen. Jede Kugelsphäre (mit Ausnahme der innersten) liegt immer auf den Ecken eines der regulären Vielflächner auf und berührt außen die Flächen des nächsten (mit Ausnahme der äußersten Sphäre). Die Erdsphäre ist dadurch »ausgezeichnet«, daß sie von den zwölf Ecken des Ikosaeders getragen wird und die zwölf Flächen des Dodekaeders trägt, also in der Mitte des ganzen Systems liegt. Die genaue Vorschrift lautet: Die Erdbahn ist das Maß für alle anderen Bahnen. Ihr umschreibe ein Dodekaeder; es wird umspannt von der Sphäre des Mars. Der Marsbahn umschreibe ein Tetraeder, dieses umspannt die Jupitersphäre; ihr umschreibe einen Würfel, ihn umspannt die Sphäre des Saturn. In die Erdbahn lege ein Ikosaeder, die in dieses einbeschriebene Sphäre ist die Venusbahn; in diese lege ein Oktaeder, die ihm einbeschriebene Sphäre ist die des Merkur; ihre Mitte ist der Ort der Sonne.

Zwei – so dachte Kepler – weltbestimmende Größen sind in diesem System verbunden: In der Fünfzahl der regulären Körper die Geometrie, in der Sechszahl der Planeten das Sonnensystem – das ist das »Mysterium Cosmographicum«, »das Weltgeheimnis«.

Die zahlenmäßige Durchrechnung ergab, daß die Durchmesser der Sphären, wenn diesen eine gewisse kleine Breite zuerteilt wird, *nahezu* im gleichen Verhältnis stehen wie die berechneten Durchmesser der entsprechenden Planetenkreisbahnen im Copernicanischen System. In dieser Prüfung sah er den Beweis für die Richtigkeit der Grundannahme. Es gibt nun in der Tat *nur* diese fünf regulären Körper, aber die Sechszahl der Planeten stimmt nicht. Allerdings erst lange nach Kepler – 1781 von Wilhelm Herschel – wurde mit dem Fernrohr der siebente, Uranus, dann 1846 von Galle der achte, Neptun, schließlich 1930 von Tombaugh als neunter der sehr lichtschwache Planet Pluto entdeckt; dazu kommt eine ganze Menge sogenannter kleiner Planeten.

»Den Genuß, den mir meine Entdeckung schenkte, mit Worten zu beschreiben, wird mir nie möglich sein.« In seiner Begeisterung erinnerte Kepler sich an »etliche uralte exemplen von dergleichen Mathematicis inventionibus, und was für freüde dieselbige iren Erfindern gemacht«: »Thales einer auss den siben Weisen auss Griechenland ... hatt ... den Musis zu Danckh einen Ochsen geopferet. Pythagoras aller Copernicaner grossvatter, der sonder zweiffel ein bessers Vermügen gehabt als der Teutschen Mathematici, hatt 100 Ochsen geopfert.« Es fällt ihm die alte Geschichte von Archimedes ein, der während des Badens aus dem Vergleich des Gewichts von Körpern mit ihrer Wasserverdrängung die Methode zur Bestimmung ihres spezifischen Gewichtes und damit der Unterscheidbarkeit von Gold und Silber gefunden haben soll: Er habe sich »lang und vil bedacht, wie man unzerbrochen der guldenen Cron seines Königes erfahren möchte, wievil ire vom silber zuegesetzt. Da ime nun solliches eingefallen, und er im bad gesessen, ist er, gleich wär er törricht, nackent auß dem bad gelauffen und vor freüden aufgeschrienn *heureka* [ich habs gefunden!], vermeinend seinem Könige hiedurch trefflich wol zugefallen.« Das gleiche vermeinte Kepler, als er Anfang 1596 bei einem Aufenthalt in Württemberg seinem Herzog den Vorschlag machte, das von ihm gefundene »rechte ware Muster der Welt zierlich in einem Credentzbecher« veranschaulichen zu lassen. So würde die Copernicanische Lehre allgemein verständlich gemacht und verbreitet! Aus sieben mit Planetenbildnissen verdeckten Zapfen sollten »köstlich newer weisser Wein, alter Wein oder Bier, guetter Wein, Wermueth, Meth, Brantwein, Wasser«, aus der Sonne »ein cöstlich aqua vitae« fließen. Der Herzog billigte die Ausführung in Silber auf seine Kosten. Die Versuche und Verhandlungen in der Sache zogen sich über einige Jahre hin. Die Ausgestaltung zu einem »Trinkgeschirr« wurde schließlich zugunsten eines kunstreichen Planetariums aufgegeben, das neben der Darstellung der Abstandsverhältnisse der Planeten mit Hilfe der Vielflächner auch die Bewegung der Planeten um die Sonne mittels eines eingebauten Triebwerks demonstrieren sollte. Allein die Schwierigkeit, die dazu nötigen Räder mit einer »ungeheuren Zahl von Zähnen« herzustellen, steigerte die Kosten und verleidete dem Goldschmied die Weiterarbeit. Nichts wurde ausgeführt. Im Juni 1600, da für Kepler der Boden in Graz heiß geworden war und er sehnlichst wünschte, das vollendete Planetarium möge ihm einen Ruf nach Tübingen eintragen, endeten die Verhandlungen.

Nachdem Kepler im Winter 1595/96 mit der schriftlichen Ausarbeitung seiner Vorstellungen und Berechnungen begonnen hatte, nahm er im Februar zwei Monate Urlaub – der sich allerdings bis August ausdehnte –, um das Werk in Tübingen zu vollenden, es dem Senat der Universität zur Drucklegung vorzulegen und den Druck bei Georg Gruppenbach zu überwachen. Es erhielt einen langen Titel, beginnend »Prodromus dissertationum cosmographicarum, continens mysterium cosmographicum de admirabili proportione orbium coelestium ...« (»Vorbote kosmographischer Abhandlungen enthaltend das Weltgeheimnis bezüglich der bewunderungswürdigen Verhältnisse zwischen den Himmelsbahnen ...«). – Es sind 23 kurze Kapitel. Zwei wesentliche Eingriffe mußte er in Kauf nehmen. Matthias Hafenreffer, Theologe und Rektor der Universität, gab ihm sehr nachdrücklich «die brüderliche Mahnung«, das Kapitel über die Verträglichkeit des Copernicanischen Systems mit der Bibel fortzulassen; der Mathematiker habe nur Hypothesen aufzustellen, welche die Erscheinungen möglichst gut wiedergeben, und sich nicht mit den unwiderlegbaren Argumenten der Bibel zu befassen. Es ist der gleiche Standpunkt, den 1543 der protestantische Theologe Osiander in seinem unerbetenen Vorwort zum Werk des Copernicus vertrat, der im Galilei-Prozeß und noch lange danach, etwa in Gassendis Diskussionen der »doppelten Wahrheit«, der naturwissenschaftlichen und der übernatürlichen, eine Rolle spielte. Kepler gibt hier, wohl das einzige Mal, sehr gegen seine Überzeugung der Drohung Hafenreffers nach, eine Verteidigung der neuen Lehre durch seine Auslegung der Heiligen Schrift werde »zu Spaltungen und Gewaltmaßnahmen führen«. Die zweite Änderung sachlicher Art nahm ohne Keplers Wissen Mästlin vor: Ihm schien das Werk zu schwer verständlich, weil das Copernicanische System noch wenig bekannt sei; so fügte er die »Narratio prima« des Georg Joachim Rheticus aus Wittenberg dem Druck bei, den »ersten Bericht«, den dieser 1540 über das Werk des Copernicus drei Jahre vor seiner Veröffentlichung herausgegeben hatte. Kepler mußte vor Vollendung des Druckes nach Graz zurück, Mästlin übernahm seinem Schüler zuliebe die große Arbeit.

Dem Werk, »das zwar gering an Umfang und mit mäßiger Mühe verfertigt, doch einen ganz wunderbaren Gegenstand behandelt«, ist eine Widmung an die Stände der Steiermark vorangestellt. Wir bringen aus ihr nur einige Sätze, in denen der gerade 25jährige Kepler die für ihn zeit seines Lebens gültig bleibenden Grundsätze seines Forschens, die ethische Begründung der Erforschung der Natur überhaupt, darlegt, zugleich ein Beispiel, wie er seine geniale Art zu denken in erregende, aufrüttelnde Worte faßt:

»Es handelt sich hier um das Buch der Natur, das von den

heiligen Schriften so hoch gefeiert wird ... Paulus ruft voll des heiligen Geistes, voll heiliger Freude dem Weltall zu: Lobt ihr Himmel, den Herrn, lobt ihn, Sonne und Mond. Hat der Himmel, haben die Sterne eine Stimme? Können sie Gott loben wie die Menschen? *Ja*, wir sagen eben, sie selber loben Gott, indem sie den Menschen Gedanken zum Lob Gottes darbieten. So lösen *wir* dem Himmel und der Natur auf den folgenden Seiten die Zunge und lassen ihre Stimme lauter erschallen; und wenn wir das tun, so zeihe uns niemand vergeblicher, unnützer Mühe ... Muß man denn den Wert der göttlichen Dinge wie eine Zuspeise nach Groschen bemessen? Aber bitte, wird man mir sagen, was nützt einem hungrigen Magen die Kenntnis der Natur, was die ganze Astronomie? Nun, die verständigen Menschen hören nicht auf die Unbildung, die da schreit, man müsse deswegen jene Studien unterlassen ... Wir fragen nicht, welchen Nutzen erhofft das Vöglein, wenn es singt, denn wir wissen, Singen ist ihm eben eine Lust, weil es zum Singen geschaffen ist. Ebenso dürfen wir nicht fragen, warum der menschliche Geist so viel Mühe aufwendet, um die Geheimnisse des Himmels zu erforschen. Unser Bildner hat zu den Sinnen den Geist gefügt, nicht bloß, damit sich der Mensch seinen Lebensunterhalt erwerbe – das können viele Arten von Lebewesen mit ihrer unvernünftigen Seele viel geschickter –, sondern auch, damit wir vom Sein der Dinge, die wir mit den Augen betrachten, zu den Ursachen ihres Seins und Werdens vordringen, wenn auch weiter kein Nutzen damit verbunden ist ...«

Das »Mysterium Cosmographicum« ist das einzige Werk, von welchem Kepler auf Drängen der Gelehrten und der Buchhändler eine zweite Auflage (1621) herausgab. Man wundert sich darüber, weil doch seine »Astronomia Nova« aus dem Jahre 1609 – abgesehen von der zentralen Stellung der Sonne und der Einreihung der Erde in die Schar der Planeten – nichts mehr vom Copernicanischen System enthält. Dem unveränderten Nachdruck werden bemerkenswerte Anmerkungen hinzugefügt, durch welche die alten Vorstellungen über das Weltgeheimnis »teils verbessert, teils erläutert, teils bestätigt«, »Irrtümer, die aus der Finsternis meines Geistes entstanden waren, offen dargelegt und ausgemerzt« werden sollen. Viele gleichsam hingeworfene Bemerkungen sind für Kepler charakteristisch: Nach Knabenart war ich in Verlegenheit – So dachte ich damals – Das muß man allegorisch verstehen – Eine Abschweifung, eine astrologische Spielerei! – O weh! das geht zu weit – Da hast du das ganze Geschwätz. Aber dann sagt er auch: Ausgezeichnet! Und immer wieder kommt die Frage, warum dieses so und jenes so ist: Nichts hat Gott planlos gemacht – Niemand trat auf, der gesucht hätte – Nicht verzweifeln! Wieviel Glück ward mir schon zuteil! Eine ganz starke innere Verbindung mit seinem Erstlingswerk läßt ihn gar sagen: »Es ist ein Genuß, die ersten Schritte zu meinen Entdekkungen zu betrachten, auch wenn sie in die Irre gehen.« Und in der Tat: Im »Weltgeheimnis« finden sich schon fast alle wesentlichen Vorstellungen und Fragestellungen der späteren Werke, von der »Weltharmonik« im Kapitel 12 gar schon der 25 Jahre später beibehaltene Entwurf.

An einer tieferen Bedeutung des Zusammenhanges der sechs Planetenbahnen mit der Geometrie der fünf regulären Körper hält Kepler fest. Auch wir müssen sagen, daß die, wenn auch nicht genaue Übereinstimmung der Abstandsverhältnisse der ersten sechs Planeten in Keplers geometrischer Konstruktion mit der Natur noch ebenso geheimnisvoll ist wie die in viel späterer Zeit aufgestellte Titius-Bodesche Regel: Die Abstände der Planeten von der Sonne nehmen zu wie die Zahlenreihe $0 + 4, 3 + 4, 2 \times 3 + 4, 4 \times 3 + 4, 8 \times 3 + 4, 16 \times 3 + 4$ usw. Eine kleine Tabelle zeigt, wie nahezu richtig die Abstandsverhältnisse in der Natur aus Keplers Geometrie und aus der Titius-Regel sich ergeben, bezogen auf den als Einheit 1 gesetzten Sonnenabstand der Erde.

Planet:	Merkur	Venus	Erde	Mars		Jupiter	Saturn
Kepler:	0,429	0,762	1	1,440	–	5,261	9,163
Titius:	0,400	0,700	1	1,600	2,800	5,200	10,000
Natur:	0,390	0,720	1	1,520	–	5,200	9,550

Es darf allerdings nicht vergessen werden, daß in Keplers

»Weltgeheimnis« schon der siebente Planet Uranus keinen Platz mehr hat, während die Titius-Bodesche Regel für diesen noch gilt, aber für die noch weiter außen laufenden Planeten Neptun und Pluto dann versagt. Bemerkt sei noch zu der Tabelle, daß die in der fünften Vertikalreihe gegebene Titius-Zahl 2,800 ziemlich genau der Bahn der erst in neuerer Zeit entdeckten relativ großen »Planetoiden« (Ceres, Pallas, Juno u. a.) entspricht, welche in Keplers »Mysterium Cosmographicum« ebenfalls keinen Platz haben.

Wohl war Kepler der große Zwischenraum, das »Geheimnis der Lücke«, zwischen Mars und Jupiter aufgefallen; »es genügt jedoch nicht, in die ungeheure Lücke einen einzigen Planeten einzuschieben«, meinte er, fand aber gar keinen. So hielt er streng an der Sechszahl fest. Als Galilei viel später über die Entdeckung neuer »Planeten« berichtete, welche den Jupiter umkreisen sollen, lehnte Kepler diese Bezeichnung ab: Planeten laufen um die Sonne, und deren gibt es nur sechs!

Der Veröffentlichung des »Weltgeheimnisses« folgte der erste kurze Briefwechsel mit Galileo Galilei, Professor der Mathematik in Padua, der Universität der freien Stadt Venedig: Dieser dankt dem »Gefährten bei der Erforschung der Wahrheit und als Freund der Wahrheit« für die Übersendung des Buches, das er bald in Ruhe zu lesen verspricht, »um so lieber, weil ich schon vor vielen Jahren zu den Anschauungen des Copernicus gekommen bin und von diesem Standpunkt aus die Ursachen vieler Naturvorgänge entdeckt ..., aber bisher noch nicht zu veröffentlichen gewagt habe, abgeschreckt durch das Schicksal von Copernicus selbst: ... von unendlich vielen (denn so groß ist die Zahl der Toren) wurde er verlacht und ausgepfiffen. Ich würde es in der Tat wagen, ... wenn es mehr Leute Eurer Gesinnung gäbe; da das nicht der Fall ist, werde ich es unterlassen.« Vielleicht spielt Galilei hier darauf an, daß Copernicus bei einem Fastnachtsumzug der Studenten verhöhnt wurde, – aber das mag damals nicht viel mehr bedeutet haben als heutzutage. Welche der »vielen Naturvorgänge« er vom Copernicanischen Standpunkt aus verstanden haben will, bleibt ungeklärt; eine entsprechende Anfrage Keplers wurde nicht beantwortet.

Keplers Antwort auf Galileis Brief – der 26jährige Magister schreibt an den 34jährigen schon berühmten Professor! – gehört zu den schönsten Zeugnissen seiner geistigen und charakterlichen Größe. In der Freude über die Übereinstimmung betreffs »der Copernicanischen Kosmographie« bitter er Galilei um seine unverfälschte Meinung; »die schärfste Kritik eines einzigen verständigen Mannes ist mir viel lieber als der gedankenlose Beifall des großen Haufens«. Aber mit Galileis Haltung gegenüber »der allgemeinen Unwissenheit« und den zu befürchtenden »wütenden Angriffen des Gelehrtenhaufens« ist er gar nicht einverstanden – es wäre doch wohl besser, durch gemeinsames Einstehen und gewichtige Stimmen den großen Haufen zur Erkenntnis der Wahrheit zu bringen! »Auch wir in Deutschland machen uns mit jener Anschauung in keiner Weise beliebt. Ich lebe von jenem großen Menschenhaufen getrennt und höre so einfach das Geschrei der vielen Stimmen nicht.« Und dann beschwört er ihn: »Confide, Galilaee, et progredere – Faßt Euch ein Herz, Galilei, und tretet hervor! Wenn ich recht vermute, werden sich wenige der bedeutenden Mathematiker von uns scheiden wollen: So groß ist die Macht der Wahrheit.« Dann geht er zu einer wissenschaftlichen Frage über, er erbittet Galileis Hilfe in seiner Not: Wenn die Erde eine Planetenbahn um die Sonne macht, so sollten die Fixsterne eine Parallaxe zeigen, das heißt entsprechend den Stellungen der Erde auf ihrer jährlichen Bahn kleine Kreise am Himmel beschreiben. Da er selbst keine Apparate besitzt, schlägt er ihm vor, die Stellung des mittleren Schwanzsterns des Großen Bären und des Polarsterns zu zwei bestimmten Zeiten zu beobachten. »Wenn sich, was ich wünschen möchte, ein Unterschied zwischen den beiden Beobachtungen zeigen würde, so wäre das ein Beweis für eine Sache, die weithin die ganze Astronomie angeht. Wenn sich aber schlechterdings keine Differenz zeigt, so werden wir doch miteinander den Ruhm eines bisher noch von niemand angegangenen höchst bedeutsamen Problems ernten.«

Eine Antwort kam nie, und Galilei schwieg sich weiterhin

über seine Stellung zum Copernicanischen System aus; erst fast zwei Jahrzehnte später begann er, teils mehr, teils weniger bestimmt, dasselbe zu vertreten, aber in der irrigen Meinung, es sei durch seine Himmelsbeobachtungen mit dem Fernrohr bewiesen; wir werden hiervon noch zu sprechen haben. Der kurze Briefwechsel hatte noch eine unerfreuliche Folge: Kepler wurde 1602 aus Italien das Gerücht hinterbracht, Galilei trage in seinen Vorlesungen das »Mysterium Cosmographicum« als seine eigenen Gedanken vor. Ruhig und überlegen, da er sich nicht in die Hetze gegen Galilei hineinziehen ließ, antwortete Kepler: »Den Galilei möchte ich in keiner Weise abhalten, mein geistiges Eigentum als seines auszugeben. Der helle Tag und die Zeit legen Zeugnis für mich ab ... Beim großen Haufen Einbuße zu erleiden ist eine kleine Einbuße, zumal für den, der sich die Wahrheit und die Ehrung des Schöpfers als höchstes Ziel gesetzt hat und nicht den eigenen Ruhm. Mögen die Garamanten und die Inder diese und andere Geheimnisse Gottes erfahren, mögen meine Feinde sie verkünden, mag auch mein Name vergehen, wenn nur der Name Gottes, des Vaters der Geister, dadurch erhöht wird.« Und diesen Stolz trug Kepler in Zeiten bitterster Not. Denn die Ruhe war dahin, man verschärfte die Maßnahmen zur Durchführung der Gegenreformation.

Für Kepler brachten diese Ereignisse schwere Sorgen. Im Sommer 1598 hatte der Fürst Ferdinand mit dem »römischen Jupiter« verhandelt; »der Bürgersenat unserer Konfession wurde abgesetzt, die Bewachung der Tore Anhängern des Papstes übertragen – überall hört man Drohungen«. Unbesonnene Provokationen veranlaßten den Fürsten zu immer neuen Maßnahmen. Die Stiftsschule wurde geschlossen, es kam »am 27. September zur scharfen Verordnung, vor Sonnenuntergang die Stadt, innerhalb von sieben Tagen das Land zu verlassen« ... – »unser Gehalt erhielten wir nichtsdestoweniger, außerdem auch ein Reisegeld« (wir benutzen den ausführlichen Bericht Keplers an Mästlin von Anfang Dezember). »Ich kehrte auf Geheiß von Beamten des Fürsten zurück, die sagten, ich sei ausgenommen.« Auf seine Bitte um eine ausdrückliche schriftliche Bescheinigung, daß sein »neutrales Amt ausgenommen« sei, antwortete man ihm: »Ihre Durchlaucht wöllen auss sondern gnaden verwilligt haben, daß Supplicant ungeacht der generalausschaffung etc. noch lenger allhie verpleiben möge.« »Man sagt, der Fürst habe Gefallen an meinen Entdeckungen«, aber »alles ist in Verwirrung, daher will ich meinen Weg fortsetzen wie bisher. Es ist besser, wenn ich hier den Mathematiker mache, und zwar als Einzelstehender, der nur dereinst durch das geschriebene Wort spricht.«

Und in der Tat – »obgleich mir unsere so gefahrvolle Lage viel Störung bereitet«, nichtachtend der Beschwerden wie 20 Jahre später in Linz unter Gegenreformation und Dreißigjährigem Krieg – nahm er seine Arbeit wieder auf. Dem bayerischen Kanzler Johann Georg Herwart von Hohenburg, seinem Gönner und Mäcenas, berichtete er von den Ergebnissen seiner Messungen über eine etwaige Parallaxe des Polarsterns, über den Plan eines Sternwartenbaus und anderes – bis »die Gefühle des Herzens« in einer erschütternden Klage über die Verfolgung seiner Glaubensbrüder, seiner Religion, durchbrachen: »An ihr halte ich fest, heucheln habe ich nicht gelernt«; aber jede Hoffnung auf die versprochene Erhöhung »des recht geringen Gehalts« sei geschwunden; alle Freunde und Helfer, »die die Religion und die so notwendigen Wissenschaften gepflegt haben«, sind von den Behörden ausgewiesen, »einzig der Mathematiker ist noch da, der nach ihrer Überzeugung von allen am ehesten entbehrt werden könne«. Wem klagt Kepler so bitter, wem legt er so offen und rückhaltlos die sozialen Folgen der Gegenreformation dar? Dem Kanzler Herwart, einem Vertreter der ihn in solch innere und äußere Not bringenden »Papisten«. »So möchte ich herzlich um Entschuldigung bitten, aber ich verdiene sie wohl auch. Es kann ja eine Schreiberei nicht willkommen sein, wenn sie nicht frei ist, wenn sie nicht vom Herzen in die Feder fließt. Wenn Euch also mein Brief genehm ist, so werdet Ihr mir mit Recht diese Freiheit und Rückhaltlosigkeit im Schreiben zugestehen.« Kepler konnte also vorerst in Graz bleiben.

Prag (1601–1612)

Am 1. Mai 1596 hatte Kepler seinen »unter Einwirkung der göttlichen Gnade gemachten astronomischen oder kosmologischen Fund« dem Rektor und dem Dekan der Universität Tübingen mit der Bitte um Genehmigung und Unterstützung der Drucklegung vorgelegt – »wenn nichts Schädliches für die Hochschule darin enthalten ist ...«. Die – fast begeisterte – Aufnahme des »Weltgeheimnisses« durch Mästlin und andere Mitglieder der Tübinger Artistenfakultät überrascht etwas. Es dürfte kaum Freude und Genugtuung darüber gewesen sein, daß Kepler die Streitfrage Ptolemäus-Copernicus im Sinne der Copernicaner entschieden hatte, was allerdings Keplers volle Überzeugung war. Mästlin lobte zweierlei, einmal »die scharfsinnigen Gedanken, die durchaus neu sind und noch niemals jemandem in den Sinn gekommen«, und als zweites das Wagnis, auf einem a-priori-Fundament, nämlich den geometrischen Eigenschaften der fünf regulären Körper, also ohne spezielle astronomische Voraussetzung, das ganze Planetensystem, »die Anzahl der Bahnkreise, ihre Reihenfolge, Größe und Bewegung zu begründen und solchergestalt gewissermaßen aus dem verborgenen Wissen Gottes des Schöpfers hervorzuholen«.

Gerade auf diesen beiden Argumenten – wenn auch in sehr gegensätzlicher Weise – beruhte das Interesse von Tycho Brahe an Kepler und an seiner Arbeit, welches schon nach wenigen Jahren sein Lebensschicksal bestimmen sollte. Tycho Brahe hatte mit Unterstützung des dänischen Königs viele Jahre lang die ausgezeichnetsten Messungen über die Bewegungen der Planeten durchgeführt. Dann aber verlor er die Gunst seines Herrn, wanderte aus und wurde von Kaiser Rudolf II., der den Wissenschaften, noch mehr jedoch der Astrologie ergeben war, am Prager Hof als kaiserlicher Mathematiker aufgenommen. Ihn hatte Kepler »als Unbekannter aus einem verlorenen Winkel Deutschlands« um ein ungeschminktes Urteil über sein Erstlingswerk gebeten – wenn es mit dem Mästlins übereinstimmen würde, so brauche er sich »nicht mehr zu

1 Keplers Geburtshaus am Markt in Weil der Stadt

2 Keplers Entwurf zu einem Titelblatt der »Rudolphinischen Tafeln«

3 Titelkupfer der »Rudolphinischen Tafeln«, 1627

4 Keplers Sterbehaus in Regensburg

scheuen, den Verhöhnungen der ganzen Welt, die bereits eingesetzt haben, zu begegnen«.

Kepler mußte ziemlich lange auf Antwort warten; seine Anfrage war erst nach drei Monaten in Tychos Hände gekommen, und Tycho ließ sich mit der Antwort Zeit. In dieser lobt er des Verfassers feinen Verstand, das scharfsinnige Studium, die schöne und edle Sprache, den wissenschaftlichen Eifer und den so ausgezeichneten und neuartigen Versuch, das Problem zu lösen, äußert aber auch erhebliche Zweifel und Bedenken und macht dann den Vorschlag, gleiche Überlegungen auch auf sein eigenes Planetensystem anzuwenden, wozu er ihm seine Hilfe anbietet. An Mästlin aber schreibt Tycho eine klare Ablehnung von Keplers Grundvorstellung. Er erkenne zwar den geistvollen Versuch eines ausgezeichneten Mathematikers; aber: »Wenn man die Verbesserung der Astronomie a priori mit Hilfe der Verhältnisse jener regulären Körper erreichen will und nicht a posteriori auf Grund von Beobachtungstatsachen, so werden wir schlechterdings allzu lange, wenn nicht ewig umsonst darauf warten, bis jemand dies zu leisten vermag.« Dennoch – die Kühnheit der Keplerschen Gedanken, ihre Originalität ließen ihn das Genie ahnen, welches vielleicht das in seinen zahllosen Messungen verschlossene Planetensystem erkennen könne. So kam es zu einer vorläufigen Vereinbarung, einer Einladung.

Im Januar 1600 reiste Kepler von Graz nach Prag zu Tycho Brahe; fast ein halbes Jahr blieb er bei ihm; aber das, was er von ihm zur Prüfung seines Planetensystems erbat, gab Tycho nicht heraus. Er war ein schwieriger alter Herr und überhaupt nicht sehr mitteilsam; »unter der Hülle eines Rätsels, wie er es bisweilen liebt«, mußte Kepler den Sinn seiner Antworten suchen. Indes – man muß schon verstehen, daß Brahe zurückhaltend bei der Herausgabe seiner einzigartigen Beobachtungen war; waren sie doch sein Lebenswerk. Die Vertreibung aus seiner Heimat Dänemark hatte ihn verbittert, und mit seinem »Gehilfen« Longomontanus hatte er bei der seiner eigenen Veranlagung wenig gemäßen mathematischen Auswertung der Meßdaten bisher wenig Glück gehabt. »Als er aber sah, daß ich einen kühnen Geist besitze, glaubte er am besten mit mir zu verfahren, wenn er mir nach meinem Belieben die Beobachtungen eines einzelnen Planeten überließ, und zwar die des Mars.« Jahre später sagte Kepler: »Die einzige Ehrung, auf die ich stolz bin, ist, daß ich durch göttliche Fügung an die Tychonischen Beobachtungen gesetzt worden bin.« Mit Feuereifer stürzte er sich in die Arbeit, er hoffte »Tag für Tag auf ein glückliches Ergebnis«, in acht Tagen glaubte er fertig zu sein. Aber die ersten hoffnungsvollen Ansätze blieben stekken – »Mars wehrt sich beständig«! Tycho stellte ihm eine Berufung für zwei Jahre nach Böhmen in Aussicht.

Als er im Juni über Wien, wo er auf der Bibliothek nach Büchern suchte, nach Graz zurückkam, verlangten seine Vorgesetzten zu seiner Überraschung, er solle seinen Sinn auf nützlichere Dinge als die Himmelskunde lenken und in Italien Medizin studieren. Noch ehe er sich zu einer Entscheidung durchringen konnte, wurde ihm am 1. August die ewige Verbannung aus Graz angekündigt – innerhalb von 45 Tagen mußte er die Stadt verlassen.

Arm, mittellos, aber hoffnungsfreudig war der noch unbekannte Magister in Graz eingezogen. Als begüterter Mann, aber ohne bares Geld zog der schon weit bekannte Astronom sieben Jahre später wieder hinaus. Auf der Reise erkrankte er, sein Hausgerät mußte er in Linz zurücklassen, weil das geliehene Geld für den Transport bis Prag nicht reichte; Mitte Oktober traf er mit Frau und Tochter – und mit schweren Schulden – dort ein. Er schrieb an Mästlin in einem »Paroxysmus von Melancholie«, weil dieser eine Anstellung in Tübingen als unerreichbar bezeichnet hatte: »Ich muß also da bleiben, bis ich entweder gesunde oder sterbe; mich dauert nur meine Frau ... Alles ist unsicher auch bezüglich meines Lebens ... Tycho philosophiert sonderbar, es fehlt ihm etwas an der Optik.« Und wieder kommt die alte Sehnsucht nach der Heimat: »Ich beschwöre Euch, hochgeehrter Lehrer, dringet darauf, daß ich eine etwa freiwerdende Stelle bei Euch [in Tübingen] bekomme.«

Noch einmal mußte er zur Regelung der wegen der Gegenreformation schwierigen Vermögensverhältnisse seiner Frau und deren Familie nach Graz. Ein Brief – »der Ehrntugenthafften frawen Barbara Kheplerin meiner lieben Haussfrawen« – zeigt uns Kepler als sorgenden Hausvater: »Die Wein seind gar saur, hab im die drei stärtin ein für 18 fl. gelassen, er würdt mit mir wegen des Weingart costen abraitten und das yberig herauss geben ... Wan eüch Tycho Brahe Gelt gibt, so mögt ir wol Holtz khauffen ... Gibt er eüch khein Geltt, so schawt wie ir Holtz von inen zu leich bekhommet ... Ir habt noch nie geschriben, wie ir lebet, ob ir nachts die Zimmermännin oder ir dienl bey eüch habet oder nit.«

Tycho Brahe starb am 24. Oktober 1601, kurze Zeit nachdem Kepler wieder nach Prag zurückgekehrt war. Kaiser Rudolf II. vertraute ihm die Instrumente und die unvollendeten Arbeiten Tychos an. Lebensmut und Arbeitsdrang kehrten zurück – »wenn Gott an der Himmelskunde etwas gelegen ist, was zu glauben meine Frömmigkeit verlangt, so hoffe ich, daß ich auf diesem Gebiet etwas leisten werde«. Aber das Glück war ihm nicht treu. Tychos Erben wollten die Beobachtungen nicht herausgeben, solange der Kaiser das noch schuldige Gehalt nicht ausbezahlt hatte. Jahrelang mußte Kepler sich mit Tychos Schwiegersohn Franz Tengnagel wegen ihrer Freigabe und des Rechtes auf Veröffentlichung seiner Arbeitsergebnisse »herumstreiten«, da »dieser auf den Ruhm seines Schwiegervaters« aus ist, »ich dagegen einzig auf die philosophische Freiheit bedacht bin«. In einem Brief machte er seinem Ärger in höchst drastischen Worten Luft: »Wie ein Hund vor der Futterkrippe, der das Heu nicht frißt, es aber auch keinem andern vergönnt«, so sitze jener vor Tychos Nachlaß.

Ende 1601 berief der Kaiser Kepler zum kaiserlichen Mathematicus als Nachfolger von Tycho Brahe. Das Bestallungsschreiben ist bisher nicht wieder aufgefunden worden. Erst im März 1602 erhielt er das erste Geld, nachdem er »zwei volle Monate mit Antichambrieren in der Hofburg vertan« hatte. Es war ein schlechter Anfang; und die Sorge um das Geld sollte ihn sein Leben lang nicht verlassen.

Wir wollen hierzu etwas sagen, um ein verbreitetes falsches Bild zu korrigieren; auch muß man beachten, daß das Geld damals eine ganz andere Rolle spielte als heute – und für Kepler sicher keine geringe. »In Geldsachen war er allzu haushälterisch, in seiner Haushaltung streng und sah nach dem Unbedeutendsten«; diese frühe Selbstcharakteristik behält Gültigkeit über seine Jugendjahre hinaus. Um mit dem Wichtigsten zu beginnen: Hunger brauchte er nie zu leiden. Sein Gehalt erhöhte sich mit zunehmendem Alter; war es nach seiner Verheiratung in Graz mit 200 Gulden jährlich für dortige Verhältnisse recht gering, so stieg es in Prag auf 500 Gulden an, wo allerdings alles teurer war als in Graz. Die Linzer Stände zahlten 400 Gulden, wozu 300 Gulden, unter Kaiser Ferdinand 350 Gulden Hofgehalt kamen, was Kepler »mehr für eine ehrenvolle Dreingabe« ansah. Wallenstein setzte ihm 1000 Gulden aus.

Das Gehalt als kaiserlicher Mathematiker war zwar gut, aber es ging schleppend ein – die kaiserliche Kasse war infolge der Kriegsführung oft leer, vor allem nach 1618. An vielen Stellen seiner Briefe und Widmungen weist Kepler auf diesen Notstand hin: »Ich muß das Gehalt, das ich von den oberösterreichischen Ständen beziehe, hoch anschlagen, da ich von den Kaiserlichen, freilich gegen des Kaisers Auftrag, vollkommen im Stich gelassen werde, so daß sie mich und die Meinigen verhungern ließen.« Wenn er dann unter großem Zeitaufwand – »das ganze Jahr verbringe ich damit, die Geldnöte zu mildern« – einen Teil seines Hofgehalts herauspressen konnte, war er froh, nicht ganz aus Eigenem leben zu müssen. Er warf sein ganzes Ansehen bei den kaiserlichen Räten in die Waagschale, um mit seinen rückständigen Forderungen an zahlungsfähige Stellen verwiesen zu werden, mit einem Nachdruck, dem die Hofkammer »zu abkhombung des stettigen Lamentierens und molestierens« nicht widerstehen konnte. Dabei zeigt Kepler unter den gegebenen politischen Verhältnissen volles Verständnis dafür, daß die Majestät, »obwohl sie in den allerheftigsten und kostspieligsten Krieg mit den Türken verwickelt ist, doch die Astronomie nicht ohne Unterstützung läßt«. Die Klagen Keplers und vieler Hofbeamten über

Gehaltsrückstände und die von der Hofkammer unternommenen Schritte zu deren Abstellung füllten nicht nur dort dicke Aktenbände; in anderen Reichsstädten und Kommunen herrschte die gleiche Misere, von der zum Beispiel Keplers Freund Bernegger in Straßburg ebenfalls ein Lied zu singen wußte. Und nicht nur Wissenschaft und Kunst waren davon betroffen; nach Kaiser Rudolfs Tod (Anfang 1612) war es in Prag Stadtgespräch, daß »der Keyser schuldig verblieben ist einem Weib allein für Petrosilien 300 Th., item für Salat unterschiedlichen Gärtnersweibern 3000 Th« (1 Gulden = 60 Kreuzer; 1 Thaler = 70 Kreuzer zu Keplers Zeit).

Man kann Keplers Sorgen und Klagen verstehen, wenn man erfährt, was von seinen Einnahmen alles bestritten werden mußte. Die Bedürfnisse der größer werdenden Familie – »ich habe Nachwuchs bekommen, was mit ziemlichen Kosten verbunden ist« – traten oft in den Hintergrund neben den Ausgaben für den Druck seiner Werke. Er erhielt zwar Nachzahlungen und Gnadengelder dafür, allein die standen meist auf dem Papier und fielen in den Topf der Rückstände. Aber auch die umgekehrte Situation ergab sich zum Beispiel beim Druck der »Astronomia Nova«, wofür ihm der Kaiser 400 Gulden reichen ließ, die Kepler aber, weil sein Gehalt ausblieb, »anderst und auff Haussnotdurfften zu guttem Thail« verwendete. Waren die Mittel knapp, dann konnte Kepler keinen Assistenten, der in guten Zeiten die Hausgemeinschaft mit ihm teilte, anstellen, wodurch die Herausgabe seiner Werke sich verzögerte. Viel Geld verschlangen die vielen Reisen, vor allem ein Ortswechsel mit der Familie. Beim Umzug von Graz nach Prag »kostete die Beförderung der Personen 60 Gulden, 20 Gulden die Zehrung, 40 weitere Gulden zwei Fuhren mit der beweglichen Habe, mit dem Hausgerät, und zwar bloß bis Linz«. Und schließlich brauchte Kepler für die damals teuren Bücher und Instrumente eine beachtliche Summe. So klagte er über die Kosten für ein nach seinen Angaben hergestelltes Instrument zur Beobachtung der Sonnenfinsternis im Jahre 1600, wobei »ein anderer ebenfalls die Gelegenheit wahrnahm, eine andere Finsternis zu erforschen; er hat zwar nicht bei der Sonne, aber in meinem Geldbeutel ein Schwinden verursacht, indem er mir 30 Gulden weggenommen hat. Wahrlich eine teure Finsternis!« Unter diesen Umständen ist es verständlich, daß ihm jede zusätzliche Einnahme hoch willkommen war. Und deren gab es doch viele. Zwar dürfen die von den Kaisern bewilligten zu 5 Prozent verzinsbaren »Gnadengelder«, die bis zu seinem Tod rund 8600 Gulden ausmachten, nicht angeführt werden, weil Kepler nie in ihren Genuß kam. Sie bilden zusammen mit dem Gehaltsrückstand jene in Keplers letzten Lebensjahren wiederholt genannte Summe von 12000 Gulden. Aber das Kalenderschreiben und die horoskopischen Gutachten, so oft als lästig, gar als unwürdig beklagt, wurden gut honoriert, ebenso die schwungvollen Widmungen seiner Werke an Fürsten und hochmögende Gönner. Keinen ungetrübten Genuß verschaffte ihm die Nutznießung des Vermögens seiner ersten Frau. Von den liegenden Gütern war ihm der 20. Teil beim Wegzug von Graz genommen worden. Seine erste Sorge ging, wie er sagt, »dahin, daß meine Frau soweit als möglich das behält, was sie hat, und ihr Erbgut auf unsere gemeinsamen Kinder überträgt«; aber er wurde ärgerlich, wenn sie nicht wollte, »daß ich ir hauptgutt angreiffe, ja nit einen einigen Becher hat wöllen versetzen lassen, item selbs nit wollen die hand an ir geringes schatzgeltlin legen, als wurde sie darüber an bettelstab khommen«. Man darf nicht verhehlen, daß Kepler in Geldgeschäften sehr bewandert war. Er lebte ja trotz seiner Klagen nicht von der Hand in den Mund, sondern legte Geld an in Obligationen der Eisenhandelsgesellschaft Steyer, bei der Landschaft Österreich ob der Enns, bei der Stadt Kempten und anderen Orten, von denen er jährlich bis zu 12 Prozent Zinsen bezog.

Bedrängten Glaubensgenossen öffnete Kepler seine milde Hand. Einmal bedankte sich eine junge Frau dafür, daß ihr der kaiserliche Mathematiker »auß sonnderer Christlicher unnd Wolmeinender Affection, so er gegen meinen lieben Eltern unnd befreundten, als umb der Rainen Evangellischen Religion und Lehre halber vertribenen Persohnen mitleidens getragen, unnd noch tregt ... Miher zue khünfftiger meiner Verheuratung 50 gulden zu einem Heuratguet« hatte zustellen lassen.

Neue Astronomie oder Himmelsphysik

»Dem Durchlauchtigsten Namen Ew. Heil. Kais. Majestät sowie des ganzen Hauses Österreich Heil und Segen! Auf Geheiß Ew. Majestät führe ich endlich einmal den hochedlen Gefangenen zur öffentlichen Schaustellung vor, dessen ich mich schon vor einiger Zeit unter dem Oberbefehl Ew. Majestät in einem beschwerlichen und mühevollen Krieg bemächtigt habe.«

Mit diesen Worten beginnt das Widmungsschreiben, mit dem Kepler am 29. März 1609 seine »Astronomia Nova«, ein Buch mit 337 Großfolioseiten, Kaiser Rudolf II. überreichte; es wird oft als »das Marswerk« zitiert, denn den Berechnungen liegen die Beobachtungen des »Edelmannes Tycho Brahe über die Bewegungen des Sternes Mars« zugrunde. Der rötlich leuchtende Planet hat seinen Namen vom Kriegsgott der Alten; Brahe hatte seine wechselnden Stellungen am Sternenhimmel zwanzig Jahre lang mit besonderer Sorgfalt beobachtet. Es war schon eine »göttliche Fügung«, daß Tycho ihm nicht, wie zuerst geplant, die Bewegungen des Mondes, sondern die des Mars zur Bearbeitung übertrug; das Mondproblem ist wesentlich komplizierter, und die Marsbahn zeigt die größten Abweichungen von dem Copernicanischen Kreis: »Aus den Bewegungen des Mars allein kann man in die Geheimnisse der Astronomie eindringen, andernfalls bleiben diese ewig verborgen.« Das Ziel, das Brahe erreichen wollte, war ein anderes als das, welches Kepler anstrebte. Brahe wollte sein eigenes Planetensystem bewiesen haben, Kepler suchte nach Beweisen für seine im »Mysterium Cosmographicum« gegebene a-priori-Theorie des Copernicanischen Systems und hoffte, die noch bestehenden Unstimmigkeiten beseitigen zu können.

Wir wiesen schon bei der kurzen Übersicht über die astronomischen Anschauungen vor Kepler darauf hin, daß Copernicus an dem aristotelischen Dogma festhielt, nach dem die natürliche Bewegung der Himmelskörper nur auf einer Kreisbahn bei konstanter Geschwindigkeit erfolgen kann; aber er war hierbei schon auf eine Schwierigkeit gestoßen, als er die beobachtete (scheinbare) Sonnenbewegung um die Erde als Kreisbahn der Erde um die im Mittelpunkt ruhende Sonne darstellen wollte. Das gelang nicht, die Sonnenmitte fiel nicht mit dem Mittelpunkt der Erdbahn zusammen. Dagegen lehnte sich – man kann es kaum anders nennen – Keplers physikalisches Gefühl auf. Wie kann eine Weltenordnung auf einen Punkt orientiert sein? Wenn die Sonne eine bevorzugte Stellung hat und diese »als Quelle allen Lichtes« haben muß, so kann nur ihr Mittelpunkt der Bezugspunkt sein; die aus den Beobachtungen folgende Exzentrizität muß also eine Exzentrizität der Bahn sein, die auf den Mittelpunkt der Sonne zu beziehen ist. Nach unvorstellbar mühsamen Rechnungen mit einer fast stets neu zu entwickelnden Mathematik mußte Kepler schließlich feststellen, daß eine kreisförmige Marsbahn nicht mit Tychos Beobachtungen übereinstimmen kann: Es bleibt – für einen bestimmten kritischen Prüfungsfall – eine Abweichung von 8 Winkelminuten, welche außerhalb der Genauigkeitsgrenzen von Tychos Messungen ist, die er mit größter Sorgfalt prüfte. »Für uns, denen die göttliche Gnade in Tycho Brahe einen so sorgsamen Beobachter geschenkt hat, ... geziemt es sich, daß wir dankbaren Sinnes diese Wohltat Gottes anerkennen und *ausnützen*. Das heißt, wir sollen uns bemühen – unterstützt durch die Beweisgründe für die Falschheit unserer Annahmen –, endlich die wahre Gestalt der Himmelsbewegungen aufzuspüren. *Diesen Weg will ich* im folgenden nach meiner Weise *anderen vorausgehen ... Allein diese 8 Winkelminuten weisen den Weg zur Erneuerung der ganzen Astronomie.*«

Kepler gibt hier das erste und so großartige Beispiel wissenschaftlicher Verantwortung des Naturforschers: Über die Zulässigkeit oder Nichtzulässigkeit einer Hypothese entscheidet einzig und allein die Übereinstimmung oder Nichtübereinstimmung der aus ihr folgenden mathematischen und physikalischen Konsequenzen mit der Naturbeobachtung. Mit diesem Beispiel ging Kepler allen folgenden Naturforschern voraus. Nach diesem Kriterium beurteilt, gaben alle bisherigen Hypothesen »falsche Werte für die Entfernungen des Mars vom

Sonnenmittelpunkt (nach Copernicus und Brahe) oder vom Weltmittelpunkt (nach Ptolemäus)«. »Daher haben wir das Gebäude wieder eingerissen. So mußte es uns ergehen, da wir einigen wahrscheinlichen, in Wirklichkeit aber falschen Annahmen in Nachahmung der früheren Meister gefolgt waren. Welch große Mühe habe ich auf die Nachahmung der früheren Meister verwandt!« Mit diesen Worten schließt der zweite Teil des Marswerkes – und schon klingt die Überlegung an, daß Erd- und Marsbahn gar keine Kreise sind; auch war Kepler schon klargeworden, daß die Planetengeschwindigkeit nicht längs ihrer ganzen Bahn konstant ist, sondern periodisch um einen Mittelwert schwankt. Die naturphilosophischen Annahmen der alten Astronomie mußten also aufgegeben werden – und das war ein schwerer Entschluß. Nach der Prüfung mancherlei Hypothesen an den Beobachtungen – wo in Tychos Protokoll entscheidende Werte fehlten, hat Kepler selbst mehrfach Beobachtungen gemacht oder von dem friesischen Astronomen Fabricius Unterlagen erbeten – klärt sich das Bild: Die Bahnen des Planeten Mars und der Erde sind *Ellipsen*. In dem einen ihnen gemeinsamen Brennpunkt liegt der Mittelpunkt der Sonne. *Das ist das I. Keplersche Gesetz*.

Denkt man sich Mars und Erde mit dem Mittelpunkt der Sonne durch elastische Schnüre verbunden, so ist dieser »Radiusvektor« am kürzesten, wenn Mars und Erde am nächsten zur Sonne stehen; hier haben sie ihre größte Bahngeschwindigkeit; während ihres Laufs auf der Ellipse zum sonnenfernsten Punkt wird der Radiusvektor länger und die Bahngeschwindigkeit kleiner. Das Produkt von Bahngeschwindigkeit und Länge des Radiusvektor ist stets gleich groß. Da die Geschwindigkeit durch das in einer Zeiteinheit zurückgelegte Bahnstück gemessen wird, ergibt sich für die ganzen Bahnellipsen der einfache Satz: Der von der Sonne nach einem Planeten gezogene Fahrstrahl überstreicht in gleichen Zeiten gleiche Flächen. *Das ist das II. Keplersche Gesetz*, der Flächensatz.

Diese »Neue Astronomie« enthält nicht mehr vom Copernicanischen System – das muß mit aller Klarheit gesagt werden – als die Einreihung der Erde in die Schar der Planeten, welche die Sonne umlaufen, und damit die Erklärung ihrer scheinbaren periodisch wechselnden »rück- und rechtläufigen« Bewegung als Folge der Erdbewegung: Die Ellipsenbahn, die Stellung der Sonne in einem ihrer geometrisch bestimmten Brennpunkte, die periodischen Geschwindigkeitsänderungen zwischen dem sonnennahen »Perihel« und dem sonnenfernen »Aphel« (beide Bezeichnungen stammen von Kepler) und die gesetzmäßige Formulierung derselben im Flächensatz – alles das unterscheidet die Keplersche Astronomie in ihren Grundzügen von der Copernicanischen. Dennoch hält Kepler fest an dem Namen Copernicus: »Mir genügt der Ruhm, mit meiner Entdeckung die Tür des Gotteshauses zu bewachen, in dem Copernicus am Hochaltar den Gottesdienst versieht«, so schreibt er schon in seinem Jugendwerk; und seinem abschließenden Lehrbuch der neuen, *seiner* Astronomie, gibt er den Titel »Epitome Astronomiae Copernicanae«. Es ist die Dankbarkeit dafür, daß Copernicus ihn zu eigenem Denken, zur Entschleierung der Gesetze des Kosmos führte: »Die Namen Aristarch und Copernicus werden nie untergehen«, sagt Kepler, und Goethe schreibt in der Geschichte der Naturwissenschaften: »Nichts hat einen solchen Einfluß auf das Denken der Menschen ausgeübt wie das Werk des Copernicus.«

In der »Astronomia Nova« verläßt Kepler bewußt den Weg, der ihn zum »Weltgeheimnis« geführt hatte; sie ist das, was Tycho stets gefordert hatte: eine Astronomia a posteriori, eine mathematische Theorie, deren Entwicklung sich Schritt für Schritt an den zahlenmäßigen Beobachtungen orientiert. So ist das Werk der Wendepunkt in der Geschichte der Astronomie. Er mußte sich nach allen Seiten hin verteidigen, weil die alte Trennung der Welt in die sublunaren oder irdischen Sphären und in die himmlischen Sphären, zwischen denen keine Verbindung besteht, so tief im Denken der Naturphilosophen verwurzelt war. Er mußte manchen Hohn erfahren, aber er wehrte sich auch dagegen. Einem der Gegner schrieb er, dessen Theorie »werde Philosophen zu sich hinziehen, sie werde den Feinden der Himmelsphysik, den Patronen der Unwissenheit, Auswege bieten, auf denen sie den Banden meiner physikalischen Beweise entfliehen können. Mich hat allein die Natur geleitet, frei von jeglichem Gewand einer Hypothese.« Immer wieder muß er dieses wiederholen: »Das ist mein Entzükken, daß es mir gelungen ist, eine Astronomie *ohne* Hypothesen zu errichten.« *»Ich bringe eine Physik des Himmels anstelle einer himmlischen Theologie und der Metaphysik des Aristoteles.«*

Damit berühren wir den Punkt, in dem Kepler weit über seine Vorgänger und über den Denkbereich seiner Zeitgenossen hinausgeht. Die »Astronomia Nova« hat den Untertitel »Physica Coelestis«, »Himmels*physik*«. Schon hiermit betont er, daß er grundsätzlich viel mehr anstrebt als das, was Ptolemäus und Copernicus gebracht hatten, nämlich eine mathematische Beschreibung der Planetenbahnen, eine Himmels*kinetik*. Auch die genannten zwei ersten Keplerschen Ellipsengesetze sind – wenn auch methodisch in weit vollkommenerer Form – so abgeleitet, wie er es von den Copernicanischen Kreisbahnen sagt: »more Ptolemaico mutatis mutandis«, das heißt nach der Art des Ptolemäus mit den erforderlichen Änderungen. Kepler aber steckt sich ein viel weiteres, ein viel tieferes Ziel für die astronomische Forschung. Man solle ihn nicht »einen vorwitzigen Neuerer« nennen, aber er sehe die Aufgabe des wahren Astronomen darin, »physikalische Prinzipien auszudenken, aus denen man die Bahnen ableiten kann, welche mit den aus den Beobachtungen übermittelten übereinstimmen«.

Mit der Forderung, »von dem Sein der Dinge zu den Ursachen ihres Seins vorzudringen«, weist er der neuen Naturwissenschaft den Weg. Das »Sein« ist das, was die Natur unseren Sinnen zeigt; die »Ursachen« sind die den Erscheinungen zugrunde liegenden Gesetze der Physik. Astronomie und Physik gehören nach Keplers Ansicht zusammen, und »keine wird ohne die andere je zur Vollkommenheit gelangen«. Wir wissen heute, wie recht Kepler gesehen hat, aber gerade damit stieß er in weiten Kreisen der Gelehrten, nicht nur der Theologen und Philosophen, sondern auch der Mathematiker und Astronomen, auf entschiedene Ablehnung, nicht zuletzt bei seinem Lehrer Mästlin; hatte der ihm doch geschrieben, er solle »die physikalischen Ursachen ganz aus dem Spiel lassen und Astronomisches nur nach astronomischer Methode mit Hilfe von astronomischen, nicht von physikalischen Ursachen oder Hypothesen erklären«.

Der neue Gedanke, den Kepler in die Astronomie einführte, ist in dem lapidaren Satz enthalten: »Alle körperliche Kraft im Planetensystem geht von der Sonne aus.« Eine einheitliche Kraft ist die Ursache der Planetenbewegung – über ihre Kinematik wird die Himmels*dynamik* gesetzt. »Gott und der Teufel wirken«, entgegnete ihm der Astronom Fabricius, »töricht ist es also, alles auf natürliche Ursachen zurückzuführen.« Kepler nennt einen solchen Einwand lächerlich, weil er fast alle Forschung unmöglich mache. »Mein Ziel ist es, zu zeigen, daß die himmlische Maschinerie nicht von der Art eines göttlichen Lebewesens, sondern von der eines Uhrwerks ist, daß die ganze Mannigfaltigkeit ihrer Bewegungen von einer einfachsten magnetischen körperlichen Kraft herrührt, so wie alle Bewegungen des Uhrwerks allein von dem es treibenden Gewicht.«

Um zu verstehen, warum Kepler hier und an anderen Stellen von magnetischer Kraft spricht, muß man das physikalische Wissen seiner Zeit berücksichtigen. 1600 hatte der Hofarzt der englischen Königin William Gilbert in seinem berühmten Buch »De Magnete« unter anderem dargelegt, daß die altbekannte Einstellung der Kompaßnadel in die Nord-Süd-Richtung verstanden werden kann, wenn man die Erde als einen kugelförmigen Magneten ansieht, dessen Magnetpole mit den geographischen Polen zusammenfallen. Er formte einen Magnetstein zu einer »terrella«, einer »kleinen Erde«, und zeigte, daß ein über diese hinweg bewegtes Magnetnädelchen sich stets in die Polverbindungslinie einstellt. Kepler hatte Gilberts Werk studiert und in den von ihm beschriebenen Bewegungen der aufeinander wirkenden Magnetpole oder Magnetstäbe Analogien zu Bewegungen von anderen Körpern gesehen, weil sie »ähnlich wie die zweier magnetischer Körper sind«. In der Tat lag es nahe, zwischen Erde und Sonne eine magnetische Kraft anzunehmen – da die Erde nach Gilbert ein großer Kugelmagnet ist, könnte ja auch die Sonne ein solcher sein. Das muß mangels allen anderen Wissens in damaliger Zeit als eine durchaus erlaubte, zudem auch stets vorsichtig formulierte Hypothese angesehen werden; schließlich war die einzige, damals untersuchte Kraft zwischen entfernten Körpern die magnetische. Aber Kepler bedachte das Problem wesentlich allgemeiner. Eine gleichartige Kraft, wie sie von der Sonne ausgeht, welche nach seiner Ansicht das Planetensystem zusammenhält und die Bewegung der Planeten um die Sonne bewirkt, wird allen Körpern zuerteilt; sie sei auch der Ursprung der irdischen Schwerkraft. Den herrschenden Ansichten über die Ursache des freien Falls – die schweren Körper streben nach dem Mittelpunkt der Welt; sie fliehen so weit als nur möglich von den Grenzen der Welt; sie werden in einen die Erde umgebenden Ätherstrudel hineingezogen –, diesen und anderen Anschauungen setzt er die neue »wahre Lehre über die Schwere, de gravitate« entgegen: Jeder Körper bleibt in Ruhe, solange er nicht in den Kraftbereich eines anderen gerät; kommt er in diesen, so tritt eine *wechselseitige Anziehung* zwischen beiden auf; der fallende Stein strebt nicht nach der Erde, weil sie der Mittelpunkt der Welt ist, sondern die Erde zieht den Stein an, aber auch der Stein die Erde. Zwei Steine an einem beliebigen Ort der Welt, außerhalb des Kraftbereiches anderer Körper, ziehen sich so an, daß »sie sich an einem zwischen ihnen liegenden Ort treffen, wobei sich der eine dem anderen um eine solche Strecke nähert, die der Masse des andern proportional ist«. So ziehen sich Mond und Erde gegenseitig an; den Beweis für die Anziehungskraft des Mondes auf die Erde sieht Kepler richtig in der der Mondbewegung folgenden Bewegung des leicht verschieblichen Wassers der Meere, in Ebbe und Flut, wenn diese damit auch noch nicht vollständig erklärt wird.

Die neue Keplersche Vorstellung der allgemeinen Massenanziehung, der Gravitation, wurde erst am Ende des 17. Jahrhunderts in Isaac Newtons »Prinzipien der Physik« (»Philosophiae naturalis principia mathematica«) geklärt. In ihren Grundfragen der Trägheit und der Dynamik war Kepler nahe bis zur Lösung vorgestoßen. In der »Astronomia Nova«, in Briefen, im großen Lehrbuch und in der »Weltharmonik« quält er sich ab mit den Begriffen Kraft und Aktualität (Energie), die »wirkend oder nur vorhanden, nur potentiell« sein können (so wie wir nach Leibniz von der lebendigen und der toten Kraft oder von kinetischer und potentieller Energie sprechen). Aber rationale Überlegungen verlieren sich oft in metaphysischen Betrachtungen. Zu schnell fragt er nach der »wahren« Ursache: Beruht die Anziehungskraft zwischen Sonne und Planeten vielleicht darauf, daß »die Erdseele die Gestirnstrahlen sehe«? – aber mit welchen Augen? »Nun, mit den gleichen, mit denen sie den Soldaten an den Eindrücken seiner zackigen Stiefel in das Erdreich erkennt!« – also doch wieder durch eine mechanische Kraft! »Mangel an Wagemut ist der Tod der Philosophie; laßt uns leben und rührig sein!«

Vor der »Astronomia Nova«, in wesentlichen Teilen mit ihrer Entwicklung verbunden, erschien 1604 eines der wichtigsten physikalischen Werke: »Astronomiae Pars Optica«, »ein Werk in ausdauerndster Forschungsarbeit geschmiedet wie nur eines«. Hier interessieren uns nur zwei Fragen. Die Messung des Ortes eines Sterns »am Himmel« wird durch die – schon früher, besonders auch von Tycho Brahe behandelte, von anderen aber entschieden bestrittene – atmosphärische Strahlenbrechung gefälscht, das heißt durch die Ablenkung des vom Stern kommenden Lichtes aus seiner ursprünglichen Richtung durch die Brechung in der Luft. Aus eigenen und anderen Untersuchungen über diese Lichtablenkung und das Brechungsgesetz folgert Kepler, daß auch die Luft eine Dichte und somit eine *Schwere*, ein *Gewicht* hat: *»Aerem gravem seu ponderosum* esse statuam!« Schon 1603 schrieb er an Fabricius: »Aer in aethere gravis est – die Luft im Aether ist schwer«, was vielfach geleugnet und erst lange nachher von Torricelli und Viviani durch die Erfindung des Barometers bestätigt wurde. Kepler berechnete sogar aus der Brechung das Verhältnis der Dichte der Luft zu der des Wassers und (unter der Annahme konstanter Dichte) die Höhe der Atmosphäre mit etwa 4 Kilometern (8 Kilometer wäre hier der richtige Wert) – weit voraus allen Physikern seiner Zeit, welche dies alles nicht glauben wollten. Die zweite Frage betrifft das Leuchten der Planeten. Da die Venusbahn im Copernicanischen System zwischen Sonne und Erdbahn läuft, muß sie, von der Erde aus gesehen, je nach ihrer Stellung als Abend- oder als Morgenstern wechselnde »Phasen« wie unser Mond zeigen. Da diese nicht bekannt waren – auf die Frage, ob die Babylonier die Venus als »sichelförmigen« Planeten kannten, gehen wir nicht ein –, schloß Kepler völlig richtig, daß das Venuslicht eine Eigenstrahlung des Planeten sein müsse. Erst 1610 entdeckte Galilei mit dem Fernrohr die ganze Phasenfolge von der »zunehmenden« über die »Vollvenus« bis zur »abnehmenden Venus«. Hierauf beruht Keplers Begeisterung über diese Entdeckung: Jetzt ist es sicher, daß nur die Sonne strahlt, daß das Planetenlicht reflektiertes Sonnenlicht ist.

Über die Stellung seiner Naturforschung zu den theologischen Dogmen seiner Zeit war Kepler sich klar geworden. »Die Bibel ist kein Lehrbuch der Optik und der Astronomie – widersetzt euch diesem Mißbrauch, ihr Theologen!« – Der Naturforscher muß einzig und allein der Wahrheit dienen und sich »nicht, wie es heute so oft geschieht, durch Bewunderung oder Verachtung von Personen oder Parteien betören lassen«. Damit fordert Kepler die Autonomie der Naturwissenschaft und gibt zugleich die Voraussetzung, welche allein zu dieser Forderung berechtigt. Aus seinem Erstlingswerk hatte er auf Drängen von Hafenreffer seine Gedanken zum Widerspruch zwischen astronomischer Erkenntnis und Worten der Bibel gestrichen; in der »Astronomia Nova« fühlte er sich frei und überlegen. »Die Astronomie enthüllt uns die Ursachen der Dinge; die Bibel, welche Höheres lehrt, bedient sich, um verstanden zu werden, der Ausdrucksweise der Menschen und benutzt dazu Naturerscheinungen nach ihrer äußeren Gestalt.« »Auf die Meinung der Heiligen über die natürlichen Dinge antworte ich mit einem einzigen Wort: In der Theologie gilt das Gewicht der Autoritäten, in der Philosophie [= Naturwissenschaft!] das der Vernunftgründe. Heilig ist zwar Laktanz, der die Kugelgestalt zugab, aber Antipoden leugnete, heilig ist das Officium unserer Tage, das die Kleinheit der Erde zugibt, aber ihre Bewegung leugnet – *heiliger ist mir die Wahrheit.* – Wer zu einfältig ist, die Astronomie zu verstehen, oder zu kleinmütig, um ohne Angst für seine Frömmigkeit dem Copernicus zu glauben, dem gebe ich den guten Rat, die Schule der Astronomen zu verlassen und sich seinen Geschäften zu widmen.«

Die »Astronomia Nova« erschien erst 1609, nachdem neue Schwierigkeiten mit Tengnagel überwunden und die kaiserliche Kasse den Zuschuß auf 900 Gulden erhöht hatte; dafür behielt sich der Kaiser Eigentums- und Verkaufsrecht vor und befahl Kepler, »die Exemplare umsonst an die Mathematiker zu verschenken«. Obwohl er diese Forderung billigte, verkaufte er die ihm zustehenden Exemplare an Vögelin in Heidelberg, weil das kaiserliche Gehalt wieder einmal ausgeblieben war. »Da er mich munter hungern läßt, sah ich mich genötigt, alle Exemplare an den Drucker zu verkaufen; um 3 Gulden kann ich hier in Prag ein Exemplar kaufen«, schrieb er dem ihm befreundeten Astronomen Magini in Bologna.

Mittlerweile hatte sich der politische Himmel in Prag mit dunklen Wolken bezogen; Kepler sah voraus, daß seinem Bleiben am Hofe bald ein Ende gesetzt sein werde. Wieder dachte er an Tübingen; aber die schlechten Erfahrungen in früheren Jahren bei direkten Bitten rieten ihm, einen anderen Weg einzuschlagen. Er übersandte als »gewester Alumnus« seinem gnädigsten Fürsten und Herrn Johann Friedrich Herzog von Württemberg eine kleine soeben erschienene Druckschrift, um »bey diser Glegenhait in Gehorsam anzumelden«, daß der Kaiser »in kurtzem dero weitlauffig Hoffwesen etwas einziehen« werde, »dahero Ich wegen meiner bestallung von jährlichen 500 Gulden ins künfftig etwas im Zweiffel stehe«. So bittet er, da ja »die Universitet Tübingen anjetzo mit einem berüempten Mathematico genugsamlich versehen«, um die Erlaubnis, »von ainem oder anderem Potentaten, der mir Bestallung machen wolte, solliche annemen und demselben meine dienste in obgesetzten eventum [Fall] versprechen« zu dürfen. Kepler erhielt mit freundlicher zusagender Antwort als Gegengabe für sein Buch einen »Becher um 12 oder 15 Gulden«, dankte sofort für »ein schönes und von mir gantz unverdientes praesent« und war besonders erfreut über die Aufforderung, jederzeit seine Adresse anzugeben, falls der Herzog seiner für Tübingen bedürfe. Wenn ihm auch »nichts erwünschters, hailsamlichers und rhumlichers wäre, dan das Ich dermahlen ains meinen geringen profectum zu dienst meinem Vatterland dankbarlich anwenden khönte«, so müsse er doch sofort versichern, daß er sich nicht in den »offentlichen Kirchenzanckh« der Theologen zwischen Calvinisten und Lutheranern einmischen und die Konkordienformel niemals uneingeschränkt unterschreiben werde; das habe er sich *»einmahl und zwar gewissenshalben* fürgenommen«. Er bleibe bei der Hoffnung auf eine Beendigung dieser Zwietracht in der Kirche Gottes – wenn der Herzog »eine zum Kirchenfrieden genaigte Person bey dero Universitet oder in andern politischen geschäfften zugebrauchen willens wäre, will Ich mich nochmahlen wie hievor zu underthäniger einstellung, *je ehe je besser* gehorsamlich anerbotten haben«. Das war 1609.

Zwei Jahre später erbat Kepler wiederum die Hilfe des Herzogs. Schon im Frühjahr 1610 hatte Kaiser Rudolf »bedacht die getreuen, vleissigen, schicklichen unnd unverdrossene unterthenigste dienst, welche Uns Unser Mathematicus und getreuer lieber Johan Keppler nun ins Zehende Jar hero ... mit sonderer Mühe gehorsamist erzeigt unnd bewisen hat«, und ihm dafür »Zway Tausendt Taller als ein wolverdients unwiderrufliches Gnadengellt aus unserem Reichspfenningmaisterambt« angewiesen, bis zur Auszahlung mit 5 Prozent zu verzinsen. Weil alle regulären Versuche Keplers, das dringend erforderliche Geld zu erhalten, erfolglos waren, mußte er »allerhandt Extraordinari mittel« anwenden: Konnte der Herzog ihm zu dem Geld verhelfen, so wollte er dafür in sein Vaterland zu irgendwelchen Diensten kommen! Schon hatte das herzogliche Kanzleramt eine Tübinger Professur neben »M. Michael Maestlinus Professor Matheseos in collegio Philosophico« empfohlen, da wurde das »Underthenig Bedencken« der Verordneten des Stuttgarter Konsistoriums vom 25. 4. 1611 dem Herzog vorgelegt: Kepler ist abzuweisen, er sage ja selbst, daß er die Konkordienformel nicht unterschreiben wolle, »auss welcher erclerung leichtlich abzunemmen, daß er ein verschlagener Calvinist seyn muoss, ... solch Calvinische gifft der Jugendt nach und nach eingießen, ... weiln er in philosophia ein opinionist, vil Unruoh erwecken möchte ...«. Der Herzog gab sofort nach – für Kepler war der Traum der Tübinger Professur vorerst zu Ende; denn ohne Zustimmung des Stuttgarter Konsistoriums konnte dort keine Professur besetzt werden.

Wir müssen bei dieser theologischen Entscheidung uns die überragende Wertschätzung vor Augen halten, die Kepler in deutschen Landen, in England und in Italien genoß, wie aus dem Gelehrtenbriefwechsel der Zeit zu ersehen ist. »Alles hat, wer Kepler hat«, schreibt der Engländer Horrox, und der Franzose Bailly: »Kepler verdient es, einer der größten Menschen genannt zu werden, welche auf der Erde erschienen.« »Meister Kepler, unter den europäischen Astronomen heute der berühmteste«, redet ihn Simon Marius an. Sogar am Prager Hof konnten die politischen und gegenreformatorischen Bestrebungen das Ansehen und die gesellschaftliche Stellung des Protestanten nicht beeinträchtigen. Ein Beispiel gibt die Tagebucheintragung des Sächsischen Rats und Gesandten Melchior Goldast von Haiminsfeldt: »Am 12./22. Februar 1612 hat Dr. Fysen, Königlicher Rath mich auss der Herberg lassen zur Mittagsmahlzeit ruffen. Alda ich gefunden Herrn Wackern, den von Nostitz ... Kepplerum mathematicum, den von Stang, Königlichen Appelations Rhat ...« Kepler habe ihm über den Mond berichtet und »ein Instrument gewiesen, damit sollte ich in den Mohn sehen. Es hat der Mohn eine Gestalt, als ob er an einem Orth höcher were, als an dem andern. Das wolt er mich bereden, seyen Berge und Thal. Ich aber wolt es ihm lieber glauben, dann hinauff steigen und besichtigen.«

Und doch war in Prag seine Lage unhaltbar geworden, weil er »das Pech der Politik« mied und in treuer Dankbarkeit zu seinem alten Beschützer Rudolf II. auch dann noch hielt, als dieser Ansehen und Macht schon an Matthias verloren hatte. Anfang Juni 1611 bot er daher den Ständen von Österreich ob der Enns in Linz seine untertänigsten Dienste »in studiis mathematicis, philosophicis et historicis«, die er nach Ausweis seiner Bücher bisher schon gepflegt, »gehorsamblich« an, und schon am 11. Juni erfolgten Bestallung und Instruktion durch die »Verordneten der löbl. vier Ständt von Prälaten, Herren, Ritterschaft und Städten des löbl. Erzherzogthumbs Österreich ob der Enns«. Aber erst im Frühjahr 1612 verließ Kepler endgültig Prag. Am 20. Januar war Kaiser Rudolf II. gestorben; schon am 18. März hatte der neue Kaiser Matthias Keplers Stellung als Kaiserlicher Hofmathematiker bestätigt und Jahresgehalt sowie Wohnungs- und Holzgeld unter Billigung der Übersiedlung nach Linz bestimmt.

Galilei und Kepler

Kaum hatte Kepler seine »Astronomia Nova« veröffentlicht, da betrat Galileo Galilei aus Florenz, Professor an der »Mathematica« zu Padua, der Universität der freien Stadt Venedig, die astronomische Bühne: In einer kurzgefaßten lateinischen Schrift mit dem Titel »Sidereus Nuncius« – »Sternenbote, Verkünder großer, höchst seltsamer Wunderdinge, auf die er jedermann, besonders aber Philosophen und Astronomen aufmerksam machen will usw.« – teilte er Entdeckungen mit, welche er in wenigen Nächten des Januar und Februar 1610 bei der Beobachtung des Mondes, der Milchstraße und des Jupiter mit dem gerade »in Belgien« erfundenen Perspicillum, dem Fernrohr, gemacht hatte. Der Mond hat Gebirge und Täler wie die Erde; die Figuren auf ihm sind nicht, wie manche dachten, Spiegelungen der irdischen Kontinente, sondern Schatten, welche die Berge im Lichte der Sonne auf die Täler werfen, und die von Sonnenstrahlen beleuchteten höchsten Gipfel der Berge. Die Milchstraße besteht aus unzählig vielen Sternen. Der Jupiter wird von vier kleinen »Planeten« umlaufen, welche Galilei zu Ehren der Medici »Medicaea sidera«, die Mediceischen Sterne, taufte.

Am 15. März 1610 erzählte der Kaiserliche Rat Johann Matthäus Wackher von Wackhenfels »vom Wagen herab vor meiner Wohnung« Kepler von diesen aufregenden Dingen. Kurz darauf gestattete ihm »die Gunst des Kaisers«, das erste Exemplar »einzusehen und in Eile zu überfliegen«, denn dieser war begierig, alle Neuigkeiten der astronomischen Wissenschaft so schnell wie möglich zu erfahren und für sich allein astrologisch auswerten zu können. Bald erhielt auch Kepler durch den Gesandten des Großherzogs von Etrurien ein für ihn bestimmtes Exemplar mit der Mahnung, umgehend sein Urteil mitzuteilen (auch der Kaiser verlangte danach); schon am 19. April ging dieses ab: Es ist eine der berühmtesten Keplerschriften, die »Dissertatio cum nuncio sidereo ...«, die »Unterredung mit dem Sternenboten, der kürzlich zu den

Sterblichen vom Paduanischen Mathematiker Galilaeo Galilei geschickt wurde«. Kepler behandelt in ihr kritisch die Entdekkung des Galilei mit einer, Galilei offenbar fehlenden, umfassenden Literaturkenntnis, getreu seiner wissenschaftlichen Devise: »Ich habe immer die Gepflogenheit eingehalten, zu loben, was nach meiner Ansicht andere gut, zu verwerfen, was sie schlecht gemacht haben.« Vorherrschend aber ist sein absolutes Zutrauen zu dem, was das neue »optische Instrument« zeigt, zu Galileis Sorgfalt bei den Beobachtungen und zu der Zuverlässigkeit seiner Angaben: »Warum soll ich nicht einem hochgelehrten Mathematiker glauben ..., der weit davon entfernt ist, einem Truggebilde zu verfallen ..., der nicht einmal Bedenken trägt, aus Wahrheitsliebe gegen eingefleischte Meinungen anzugehen und Proteste der Menge unbeachtet zu lassen.« Er bietet Galilei seine Hilfe an »gegen die griesgrämigen Kritiker alles Neuen, denen das Unbekannte unglaubhaft und alles, was jenseits der gewohnten Grenzpfähle des Aristoteles liegt, schädlich und gar frevelhaft vorkommt«.

Ausführlich geht Kepler in der »Dissertatio« auf das ein, was Galilei über das neue Fernrohr sagt – was ist wirklich neu, was steht schon bei Porta, was in Keplers 1604 gedruckter »Astronomiae Pars Optica«? Konnte das nicht »einen aufmerksamen Leser auf den Gedanken einer solchen Zusammenfügung bringen«? – nämlich der Galileischen Kombination einer Konvexlinse mit einer Konkavlinse, erstere am einen, letztere am anderen, dem Augenende eines langen Bleirohrs angebracht. Mußte nicht Kepler sich die Frage stellen, warum er, der die Wirkung solcher Linsen und ihr Zusammenwirken mit dem Auge so eingehend untersucht hatte, selbst nicht darauf gekommen war? Freimütig erklärt er, daß es die vorgefaßte Meinung war, es sei zwecklos; denn man könne trotz starker Vergrößerung wegen der »Himmelssubstanz« doch keine Einzelheiten erkennen, weil ja schon auf der Erde durch die Luft »winzige Teile der sichtbaren Dinge in der Ferne undeutlich werden. Also ließ ich die Finger von dem Versuch.« »Nun aber, erfindungsreicher Galilei, preise ich Deinen unermüdlichen Fleiß ... Du hast alle Hemmungen beiseite geschoben.« Schon in den wenigen Tagen der Niederschrift der »Dissertatio« erkennt er, wo anzusetzen ist, um ein besseres Fernrohr zu bauen. Wesentliche Gedanken – etwa die Verwendung hyperbolischer statt üblicher sphärischer Linsen – sind hier schon ausgesprochen.

Kepler sah die Erfüllung eines alten Wunsches in greifbare Nähe gerückt – nun freilich durch ein nichtgeahntes neues Beobachtungsinstrument: »Kein König kann mir mehr schenken als zuverlässige Beobachtungen.« Aber er hatte sein Marswerk, die »Astronomia Nova«, ja abgeschlossen; künftigen Astronomen würde das Fernrohr dienen; frei von Bitterkeit riß ihn dieser Gedanke hin zu dem hymnischen Gruß: »O du herrliches Rohr, köstlicher als ein Szepter! Wer dich in seiner Rechten hält, ist der nicht zum König, zum Herren über die Werke Gottes gesetzt?« Er holte seine »Optik« von 1604 wieder hervor und verfaßte in den zwei Monaten August/September 1610 ein »libellum mathematicum«, ein mathematisches Werk – »nicht leicht zu verstehen, lieber Leser!« –, betitelt »Dioptrice«, die Dioptrik, eine von Kepler stammende bis heute erhaltene Bezeichnung; sie betrifft alle optischen Instrumente, durch welche man hindurchsieht oder durch welche etwas abgebildet wird, zum Unterschied von der die Reflexion konkaver und konvexer Spiegel behandelnden Katoptrik.

Die beiden optischen Bücher gehören zu den wichtigsten und großartigsten Werken Keplers und werden über seinen astronomischen Arbeiten sehr zu Unrecht oft vergessen; in ihnen ist er ganz und allein Mathematiker und Physiker. Zwar dringt er noch nicht bis zu der endgültigen Formulierung des Snelliusschen Brechungsgesetzes durch – offenbar irregeleitet durch unzutreffende Angaben in der Optik des Vitello; aber er entwickelt die Physik des Auges, insbesondere die Erklärung der Akkommodation, der Kurz- und Weitsichtigkeit, die wesentlichsten Sätze der Linsenabbildung, die Theorie der einfachen und der kombinierten Linsen, der Lupe, sodann die Theorie des Galileischen Fernrohrs (Konvexlinse als Objektiv, Konkavlinse als Okular) und vor allem der neuen Keplerschen Fernrohre (nur Konvexlinsen).

Hat Kepler die mathematische Astronomie und die theoretische Himmelsphysik begründet, so ist Galilei der Vater der neuen beobachtenden Astronomie. Daß dieser so schnell nach Galileis ersten Entdeckungen große Fortschritte beschieden waren, rückte sie in jener Zeit in den Vordergrund des Interesses und stellte Keplers Werk in den Schatten. Beigetragen hat hierzu zweifellos auch die Scheu der Astronomen, sich nach Galileis Verurteilung in der Frage nach dem Bau des Planetensystems festzulegen, aber auch die Schwierigkeit, Keplers mathematische Astronomie zu verstehen und in seinen Büchern von den weitausgreifenden, schwer verständlichen philosophischen Teilen zu trennen. Und doch gebührt Kepler das größte Verdienst an dem mächtigen Aufschwung der neuen beobachtenden Astronomie: Schon bald nach dem Erscheinen der »Dioptrice« wurde das Galileische durch das Keplersche Fernrohr verdrängt. Galilei hat wohl zur Verbreitung, nicht aber zur Verbesserung des Fernrohrs beigetragen, ja, er machte sich nicht einmal über die theoretische Optik Gedanken. Es gibt hierfür ein klares Zeugnis: Der Italiener Giovanni Tarde notierte in seinem Tagebuch, er habe im November 1614 auf seine Bitte um nähere Angaben über Bau und Berechnung von Fernrohren von Galilei die Antwort erhalten: Diese Wissenschaft sei noch nicht gut bekannt, er kenne auch niemanden, der sie schon behandelt habe, »wenn man nicht an Johannes Kepler, den Mathematiker des Kaisers, denken wolle, welcher ein Buch darüber geschrieben habe, so dunkel (così oscuro), daß wohl noch niemand es verstanden hat«!

Vielleicht darf hier eine Bemerkung allgemeiner Art eingefügt werden: Selbst ein so überaus geschickter, umsichtiger und erfahrener Experimentator wie Galilei mußte bei dem Versuch Schiffbruch erleiden, ein neues physikalisches Gerät ohne Kenntnis und Beachtung der Theorie zu entwickeln. Bei Kepler war es umgekehrt: Er klagte, daß ihm für den Bau eines Fernrohrs nach seiner Berechnung das erforderliche Geld und fähige Handwerker fehlten; er selbst war durch seine Hände gehindert. So wurde das erste Keplersche Fernrohr 1613 von dem Ingolstädter Jesuiten Christoph Scheiner gebaut, der als scharfer Gegner des Galilei, welcher ihn seinerseits heftig angriff, bekannt und durch sein Sonnenfleckenwerk »Rosa Ursina« (1630) berühmt wurde.

In den auf die »Dissertatio« folgenden Monaten erhielt Kepler Nachrichten von weiteren Entdeckungen Galileis. Da erschien eine Schmähschrift gegen Galilei; durch Entstellung von Sätzen aus der »Dissertatio« wird Kepler darin zum Zeugen gegen Galileis Vertrauenswürdigkeit benannt. Kepler schrieb empört gegen »diese unverschämte Schrift, diese Frechheit eines Laffen, der schimpft, prahlt, spottet, übertreibt« – er ist nicht glimpflich in den Äußerungen seines Zornes. Dann hörte er, daß Kaiser Rudolf von mehreren Italienern gegen Galilei aufgehetzt wurde, weil mit Galileis Fernrohr jene Sternchen (nämlich die Jupitermonde) nicht gesehen werden könnten. Nun kam er selbst gar in Not, weil er sich für Galilei so unbesehen, ohne eigene Prüfung, eingesetzt hatte, während Zustimmungen anderer ausblieben. »Darum bitte ich Euch, mein Galilei, gebt mir sobald wie möglich Zeugen an.«

Erst nach Monaten dankte Galilei, daß Kepler »als erster und fast einziger den Aussagen voll Glauben geschenkt« hatte. Aber – ein Fernrohr konnte er ihm nicht senden, weil »das ganz ausgezeichnete Instrument« vom Großherzog von Toscana zum ewigen Angedenken in seiner Galerie unter den besonderen Kostbarkeiten aufgestellt wurde (es ist unsicher, ob dieses Fernrohr noch existiert). Und als Zeugen brauche er nur den Großherzog zu nennen, der ihm 1000 Dukaten geschenkt und ihn an seinen Hof berufen habe, und dann sich selbst, weil er in Padua »mit einem Sondergehalt von 1000 Gulden ausgezeichnet wurde, das noch kein Mathematikprofessor je bekommen hat!« Überraschend aber konnte Kepler sich selbst überzeugen: Der Kurfürst Ernst von Köln hatte zum Fürstentag in Prag sein Fernrohr mitgebracht! – Ihm hatte Galilei eines geschickt. Elf Nächte lang durfte Kepler es benutzen: nach einem fein ausgeklügelten System, um alle Voreingenommenheit auszuschließen, beobachteten Kepler und seine Gehilfen abwechselnd den Jupiter; am 9. September gab er das Instrument zurück, am 11. war die »Narratio«, »Bericht über die eigene Beobachtung der vier den Jupiter umlaufenden Satelliten«, bereits abgefaßt. Das neutrale, nur die Beobachtung beschreibende Wort *satelles* – etwa Leibdiener, Trabant – wird hier von Kepler für eine neuartige Himmelserscheinung eingeführt. Wir nennen sie Jupitermonde, wissen aber nicht, ob sie in gleicher Weise entstanden sind wie unser Mond (von dessen Herkunft wir ja auch nichts wissen), »welcher die Erdkugel nach der Art eines treuen Hündchens umkreist«.

Mit den Worten »temporis filia veritas« (die Zeit bringt die Wahrheit an den Tag) beginnt die »Narratio«. Sie ging sofort an Galilei ab mit der Bitte: »Befreit uns so bald wie möglich von der Begierde, Eure neuen Entdeckungen zu erfahren. Es ist niemand da, den Ihr als Rivalen zu fürchten hättet.« Galilei hatte nämlich nur ein sogenanntes Anagramm geschickt, eine Folge von 37 Buchstaben, welche, richtig geordnet, die neue Himmelsentdeckung melden sollten. Er wollte auf diese Art seine Priorität sichern, vor allem vermeiden, daß ein anderer nachher sagen könnte, er hätte die Beobachtung schon vorher gemacht; vielleicht wollte er Kepler auch ein wenig auf die Folter spannen. Kepler quälte sich ab, die Buchstabenreihe *Smaismrmilmepoetaleumibunenugttauiras* zu einem sinnvollen Satz zu ordnen. Acht Möglichkeiten schickte er an Galilei; eine sei hier in Übersetzung wiedergegeben: »Seid gegrüßt, doppelter Knauf, Kinder des Mars.« Aber was soll denn das astronomisch bedeuten? »Sieh doch«, schrieb er ihm verzweifelt, »in welch erbärmlichen Zustand Du mich durch Dein Schweigen bringst.« Da kam bereits eine zweite verschlüsselte Mitteilung über eine andere Entdeckung. Schließlich gab Galilei auf Wunsch des Kaisers die Auflösungen bekannt. Das erste Anagramm heißt nach richtiger Ordnung der Buchstaben: »Altissimum planetam tergeminum observavi (Ich habe den höchsten der Planeten [Saturn] dreigestaltig beobachtet).« Es war die Beobachtung des mit dem Fernrohr noch nicht aufgelösten Saturnrings, den erst einige Jahrzehnte später Christian Huygens mit einem Keplerschen Fernrohr richtig erkannte. Die Buchstaben des zweiten Satzes sind umzuordnen in die Worte »Venus imitatur figuras Lunae (Die Venus ahmt die Phasen des Mondes nach).« Es ist die wichtige Entdeckung der schon oben beschriebenen Venusphasen.

Galilei war der Ansicht, mit seinen Beobachtungen, insbesondere der Venusphasen, das Copernicanische System bewiesen zu haben. Aber Kepler erkannte, daß das nicht richtig ist. Wohl zeigen die Venusphasen, daß die Venus als Planet die Sonne umläuft, aber das tut sie ja auch im Tychonischen System, das wir auf Seite 38 erwähnten. Die Venusphasen sind kein Beweis dafür, daß die Erde auch als Planet die Sonne umläuft – und das war der Streitpunkt der damaligen Astronomie –, sie beweisen nur, daß das Ptolemäische System nicht stimmen kann.

Leider hörte die mit der »Dissertatio« erneut angeknüpfte Verbindung zwischen Kepler und Galilei bald wieder auf; man kann sich nur schwer vorstellen, wie sich Astronomie und Physik entwickelt hätten, wenn diese beiden großen kongenialen Männer auf die Dauer zusammengefunden hätten. Die Tragik liegt vor allem darin, daß sie zu verschiedenartige Charaktere hatten, was sich auch auf ihren wissenschaftlichen Kontakt auswirkte. Durch Briefe war die Kluft nicht überbrückbar – Kepler versuchte es, aber Galilei brach den Briefwechsel ab; gesehen haben sich beide nie. Galilei war im Grunde trotz der Neuheit seiner Gedanken und seiner Arbeitsmethode ein Mensch seiner Zeit, ein Gelehrter alten Stils, nach Ruhm und hoher Stellung und nach öffentlicher Anerkennung dürstend, keinen Rivalen neben sich duldend. Auch Kepler suchte Anerkennung, aber der Sache, der neuen Erkenntnis wegen und nicht aus Ruhmsucht, aus Eitelkeit: »O curas hominum, o quantum est in rebus inane (O ihr Menschen mit euren Sorgen, wieviel Eitelkeit steckt in allem)!« Mit Stolz berief er sich auf seinen Titel Mathematiker der Kaiserlichen Majestät, und vielfach bezeigte er seinem kaiserlichen Beschützer ehrfurchtsvolle Dankbarkeit.

»Im übrigen«, so schreibt er einmal an Mästlin, »stelle ich mich so, als ob ich nicht dem Kaiser, sondern dem ganzen Menschengeschlecht und der Nachwelt diene. In dieser Zuversicht verachte ich mit geheimem Stolz alle Ehren und Würden und dazu – wenn nötig – auch jene, welche sie verleihen.« Der Erkenntnis der Wahrheit in der Natur allein wollte er dienen: »Meine Meinung ist: da die Astronomen als Priester Gottes das Buch der Natur auszulegen haben, geziemt es sich, daß sie nicht auf den Ruhm der eigenen Weisheit schauen.«

Mit tiefer Sorge betrachtete Kepler die Verfolgungen, denen Galilei in Italien ausgesetzt war, aber dessen Lavieren, die Verteidigung seiner Einsichten an »unrechter Stelle und mit unpassenden Mitteln«, kritisierte er ebenso wie »die Schmähungen, Verdächtigungen, Angebereien benommener Köpfe«. Kepler fürchtete für die Astronomie. Die Verbote astronomischer Schriften, gar des Copernicanischen Werkes – 73 Jahre nach seinem Erscheinen –, bald auch seines eigenen Lehrbuches, verurteilte er von hohem ethischen Standpunkt aus: »Die kirchlichen Stellen mögen sich überlegen, ob man den unermeßlichen Ruhm des göttlichen Werkes unter dem Volk verbreiten oder einschränken und seine Kunde mit Zensuren unterdrücken will.«

Kepler und Galilei konnten sich aber auch wissenschaftlich nicht verstehen. Es mag dabei eine Rolle spielen, daß Galilei – mit Ausnahme seiner Fernrohrentdeckungen – in italienischer Sprache statt in der allgemein verständlichen Gelehrtensprache, dem Latein, schrieb, und vor allem, daß er seine wesentlichen physikalischen Entdeckungen erst nach Keplers Tod veröffentlichte. Man kann aber auch kaum bezweifeln, daß Galilei die großen, allerdings schwer verständlichen Werke Keplers nicht hinreichend studiert hat. Anders ist es kaum zu verstehen, daß Galilei sich bei der Behandlung des Copernicanischen Systems und vor allem in den Verhören während seines Prozesses niemals auf die Keplerschen Argumente berief, ja daß in seinem berühmten »Dialog über die zwei wichtigsten Weltsysteme« von 1632 Keplers Gesetze nicht einmal erwähnt werden. Auch auf Keplers allgemeines, für himmlische und irdische Körper geltendes Kraftgesetz ging Galilei nicht ein, weil er Keplers (nicht richtigen!) Vorstellungen über den »Schwung«, welche die rotierende Sonne den Planeten zur Vollendung ihres Laufs erteile, das (gleichfalls nicht richtige!) Aristotelische Prinzip der natürlichen Kreisbewegung und seine (nur beschränkt richtige!) Trägheitsvorstellung entgegensetzte. Zwar hatte Galilei die beschleunigte geradlinige Bewegung als Folge einer dauernd in Richtung der Bewegung wirkenden Kraft erkannt und den Übergang einer gleichförmigen horizontalen Bewegung in die »Wurfparabel« als Folge einer senkrecht zur horizontal wirkenden Schwerkraft abgeleitet. Aber die Einsicht, daß eine dauernd senkrecht zur Bewegung wirkende Kraft, eine »zentripetale Kraft«, zum Kreise führt, fehlte ihm wie auch noch Kepler. So blieb Galilei bei der Aristotelischen »natürlichen«, d. h. kräftefreien Kreisbewegung der Planeten, deren Nichtexistenz – freilich auch noch ohne die richtige dynamische Einsicht – Kepler numerisch bewiesen hatte. So schwierig war es, die Grundlagen von Physik und Astronomie zu klären. Wenn Galilei aber auf Grund seiner eigenen (sicher falschen!) Theorie von Flut und Ebbe die Keplersche Überlegung »über geheimnisvolle Kräfte« als »Kindereien« abtat, so ging er entschieden zu weit.

Die Gezeiten wollte Galilei gar als sichersten Beweis dafür angesehen haben, daß die Erde nicht ruht, sondern als Planet die Sonne umläuft! Daß die Venusphasen die Bewegung der *Erde* um die Sonne nicht beweisen, zeigten wir schon. Auch die den Jupiter umlaufenden Monde waren kein Beweis für das Copernicanische System; wohl hatte man gegen dasselbe eingewendet, die Erde könne nicht die Sonne umlaufen, weil sie einen Mond hat – dann müsse dieser ja zwei verschiedene Bewegungen gleichzeitig machen. Aber gerade diese Möglichkeit war ja die Grundlage des Tycho Braheschen Systems, in welchem um die ruhende Erde die Sonne mit den sie umlaufenden Planeten kreist. Ganz besonders im Kampf der Kirche gegen Galilei ging es immer nur um die »bewegte Erde«; für sie eine sichere »demonstratio« zu geben, wurde Galilei im Prozeß wiederholt aufgefordert – die Antwort blieb er schuldig; denn er selbst hatte *diesen* Beweis nicht.

Warum brach Galilei so abrupt den doch für ihn höchst erfreulichen und wertvollen Briefwechsel mit Kepler ab? Man geht wohl nicht fehl in der Annahme, daß er seine Schwierigkeiten, die er mit dem Heiligen Offizium hatte, zu vergrößern fürchtete, wenn er sich auf einen deutschen Protestanten berief. Es gibt Stellen in Galileis Briefen, die darauf hinweisen. Rät er doch sogar, seine Priorität für seine angeblichen Beweise des Copernicanischen Systems anzuerkennen, »falls etwa nicht zu unserer heiligen Kirche gehörende Männer gleiches veröffentlichen sollten« – wobei er natürlich an Kepler denkt. In späteren Jahren schreibt Galilei: »Ich habe Kepler als freien, zuweilen wohl allzu freien, und feinen Philosophen stets hoch geachtet; aber meine Art zu philosophieren ist durchaus verschieden von der seinigen.«

Linz (1612–1626)

In den zehn Prager Jahren, von seinem dreißigsten bis vierzigsten Lebensjahr, hat Kepler seine größte geistige Leistung vollbracht: die Begründung der neuen Astronomie, die Entwicklung der Grundlagen der physikalischen Optik. Es waren zugleich Jahre schwerer seelischer Belastung und drückender Sorge im häuslichen Leben. Seine ohnehin nicht gute körperliche Konstitution wurde weiter geschwächt. Die unentwegte schwierige Arbeit hatte an seinen geistigen Kräften gezehrt: »Ich muß jene Spannkraft vermissen, die astronomische Spekulationen erfordern.« Zwar hatte der neue Kaiser Matthias seine Bestallung zum kaiserlichen Mathematiker bestätigt, das Gehalt ihm verbürgt – aber war hierauf mehr Verlaß als früher? Wie würde sich das Leben in Linz gestalten, »an dem sonst an Gelehrten nicht gerade reichen Ort«, mit den neuen, praktischen Zwecken dienenden Aufgaben, ohne Frau (sie starb 1611) mit der Sorge für die Kinder? Der Blick in die Zukunft verliert sich im Nebel – noch aber stand vor ihm die Durchführung der großen Aufgabe, die er sich in der Jugend gestellt hatte, die ihm letzter Sinn und Krönung seines Mühens war: das Werk über die Harmonie der Welt – noch sind da die großen astronomischen Tabellen zu vollenden, einst vom Kaiser als Bedingung für die Nachfolgeschaft Brahes gestellt, jetzt im Linzer Vertrag ausdrücklich verlangt, für Kepler aber auch die Erfüllung des Tycho Brahe gegebenen Versprechens. Doch vorerst sollte er das Land vermessen, die ihm aufgetragene »Aufrichtung und Verfassung einer Landmappe, eine Ortsbeschreibung von Österreich, Steyermark und Kärnten« ausführen; an einer eigentlich gar nicht bestehenden Schule sollte er Mathematik, Philosophie und Geschichte »den löbl. ständen in gmain als woll auch jedem in privato wie nit weniger derselben adelichen Jugendt nützlichs und fürträglichs« lehren. Aber die Astronomie ließ ihn nicht los, schon bald entstand wieder ein neuer Plan: ein großes Lehrbuch der Astronomie zu schreiben mit dem Titel »Epitome Astronomiae Copernicanae«. Adalbert Stifter kennzeichnete treffend in einem Brief vom 29. Juli 1858 aus Linz an seinen Verleger Heckenast diese Lage Keplers: »... In Linz hat auch einmal so ein moralisch Gekreuzigter gelebt, dessen Spuren ich hier oft mit schauernder Ehrfurcht nachgehe, der Sternkundige Kepler. Weil er hier die Gesetze der Planetenbewegungen fand, schalten ihn die Stände, daß er Hirngespinsten nachgehe, statt ihnen seiner Pflicht gemäß das Land zu vermessen. Die Stände hatten mit Ausnahme der Hirngespinste gar nicht einmal unrecht; denn Kepler bezog seinen Gehalt als Landesvermesser.«

Als Kepler bald nach dem Tode seiner ersten Frau an eine zweite Ehe dachte, waren bei dem jetzt Vierzigjährigen andere Gründe als bei der Verbindung mit Frau Barbara ausschlaggebend. Er hatte gelernt, »hohen Stand, Reichtum, Verwandtschaft zu verachten und mit Gleichmut nach den anderen einfachen Eigenschaften zu trachten«. Dennoch erwies er sich bei der Wahl der rechten Lebensgefährtin als recht hilflos; ein Mangel an Selbstsicherheit offenbarte sich bei dem Mann, der in seiner Wissenschaft so sicheren Schrittes seinen Weg ging. Anders läßt sich sein Schwanken zwischen elf Ehekandidatinnen, die er in einem für ihn charakteristischen, ausführlichen Bericht schildert, nicht erklären. Die Wahl fiel auf Susanna Reuttinger, Tochter eines Schreiners aus Eferding bei Linz, die als Vollwaise unter der Obhut der Freifrau Elisabeth von Starhemberg stand. Obwohl erst 24 Jahre alt, traute Kepler trotz Abraten seiner Freunde ihr, die keinerlei Stolz und überflüssigen Aufwand zeigte, die sich durch Bescheidenheit, Sparsamkeit, Fleiß und Liebe zu seinen beiden Kindern auszeichnete, die Erziehung der elfjährigen Susanna und des sechsjährigen Ludwig zu.

Für die Hochzeit wählte er den »Tag der Mondfinsternis, an dem sich der astronomische Geist verbirgt, da ich den festlichen Tag feiern will«! Das große Festessen fand in Eferding aber erst am 30. Oktober 1613 (die Mondfinsternis war schon zwei Tage vorher) in dem noch heute bestehenden Gasthof zum Löwen statt. Diesmal bat der Hofmathematiker Kepler als »nunmehr in die dreizehen Jar continuirender würkhlicher Diener« seinen kaiserlichen Herrn Matthias um einen Abgesandten zum hochzeitlichen Ehrenfest. Es wurden ihm 60 Gulden von der Hofkammer gereicht; die oberösterreichischen Stände, die ebenfalls geladen waren, schenkten ein Trinkgeschirr im Wert von 40 bis 50 Gulden.

Über Frau Susanna hören wir in Keplers Briefen fast nichts mehr und dürfen daraus wohl schließen, daß sie, die in Gestalt und Lebensart zu ihm paßte, auch eine Atmosphäre zu verbreiten wußte, die seiner wissenschaftlichen Arbeit förderlich war, was er in der ersten Ehe so sehr vermißt hatte. Von sieben Kindern – Anna Maria wurde im Todesjahr des Vaters geboren – starben sechs im jugendlichen Alter; die 1621 geborene Cordula verheiratete sich, aber auch ihre Kinder starben jung – mehr wissen wir nicht. Das gute Verhältnis zwischen Frau Susanna und ihren Stiefkindern Susanna und Ludwig bestand bis zu ihrem Tod 1636 in Regensburg.

Die Entstehung eines hochwissenschaftlichen mathematischen Buches war eng mit der zweiten Heirat verbunden. Als um den Haushalt besorgter Familienvater versäumte Kepler nicht, nach der in diesem Jahr besonders gut geratenen Weinernte auf der Donaulände einige Fässer Wein zu kaufen. Dabei sah er, wie der Verkäufer eine Meßrute einfach schief durch die Einfüllöffnung bis zum unteren Rand des Faßbodens steckte und ohne Rücksicht auf die Form der Fässer und ohne irgendwelche Berechnungen den Faßinhalt an einer Marke der Meßrute ablas.

Wie ist das möglich? Läßt sich eine solche Inhaltsbestimmung mathematisch rechtfertigen? fragte sich Kepler. Als Antwort auf diese Frage entstand das berühmte mathematische Werk »Stereometria Doliorum«, die Faßberechnung. Um den Betrug im Handel zu steuern, widmete er eine deutsche Ausgabe »allen Obrigkeiten, Beamten, Handelsleuten ... Weinvisierern, Hauswirten«. Er entwickelte die Inhaltsberechnung von Fässern, die er sich aus zwei Kegelstümpfen zusammengesetzt dachte, sowie von Körpern, welche durch Rotation von Kegelschnitten oder Teilen derselben entstehen. Als schöpferischer Mathematiker hatte er hiermit grundlegende Vorarbeit zur Methode der Integralrechnung geleistet.

Ein Zuhause hatte Kepler wieder gefunden, ein anderes war ihm mittlerweile verlorengegangen: das Heimatrecht in seiner Kirche. Die schon erwähnte scharfe Ablehnung seiner Berufung nach Tübingen durch das Stuttgarter Konsistorium, Keplers kompromißlose Weigerung, durch vorbehaltlose Anerkennung der Konkordienformel auf Kosten seiner Überzeugung die Tübinger Professur und damit die ersehnte Befreiung aus den bedrückenden und sein Schaffen behindernden Verhältnissen zu erlangen, hatte für ihn noch eine unangenehme Folge: Was er zwar geahnt, aber doch nicht erwartet hatte, trat bald in Linz ein: Der Hauptpastor der evangelischen Gemeinde, Daniel Hitzler, ein alter Tübinger, eng mit dem Stuttgarter Konsistorium verbunden, später Abt des protestantischen Klosters Bebenhausen, schloß ihn vom Abendmahl aus. Auf seine Eingabe um Wiederzulassung erhielt er von Stuttgart eine von Hohn und Haß diktierte Antwort: er solle sich um seine »mathematica studia« kümmern und seine fürwitzige Natur im Zaum halten. Selbst wenn er an Scharfsinnigkeit Plato und Aristoteles, Ptolemäus und Copernicus überlegen wäre, so begreife er nicht die Mysteria der Heiligen Schriften; er sei ein Ketzer, ein ungesundes Schaf, »das Herr Hitzler mit Recht nicht unter seinen anderen Schäflein auf die Weyd und zur Trincke lasse«. Dieser unwürdige Streit setzte sich jahrelang fort; man verleumdete ihn und brachte ihn mit der Hexerei seiner Mutter in Verbindung: »Durch die leidenschaftlichsten Angriffe der Mißgunst verfolgt, geriet ich nicht nur einmal in Gefahr für Leib und Leben.« Man hintertrieb seinen Unterricht, indem man ihm die Eltern seiner Schüler abspenstig machte. Die Schüler wurden mit anderen Lektionen so sehr überhäuft, daß sie bei Kepler nicht mehr Geometrie und Latein lernen konnten. Das war ein schwerer finanzieller Schlag für ihn.

Sein theologischer Lehrer Hafenreffer, an den er sich in seiner Qual vertrauensvoll wandte, wies ihn schroff zurück und warf ihm »astronomische Spitzfindigkeit in der Theologie« vor. Das Stuttgarter Konsistorium hetzte in Tübingen gegen das »Schwindelhirnlein«. In Bitterkeit und Enttäuschung schrieb er an Hafenreffer: »Den Dienern Gottes ist der Befehl erteilt worden: gebt das Heilige nicht den Hunden preis! Gut, ich sei für Euch, o Schmerz, ein geistlicher Hund.« Schließlich, 1619, erhielt er von Hafenreffer endgültigen Bescheid: »Daher können weder ich noch meine Herren Kollegen und Mitbürger Eure absurden und blasphemischen Hirngespinste billigen.« Die Zurückweisung vom Abendmahl war unwiderruflich.

Kepler blieb sich treu. Freunden, die ihn baten, um des lieben Friedens, seiner Ruhe, seiner Familie und seiner Arbeitskraft willen, doch einfach nachzugeben, gab er die stolze Antwort: »Ich weiß wohl, ich könnte den ganzen Streit niederschlagen, wenn ich die Konkordienformel ohne Vorbehalt unterschriebe. *Aber mir steht nicht an, in Gewissensfragen zu heucheln.«*

»Heucheln habe ich nicht gelernt«, hatte er zwanzig Jahre früher, als ihn die Gegenreformation bedrängte, in Graz erklärt; wir müssen aber auch bedenken, daß Kepler nun jene so scharf ablehnenden Worte an den hochverehrten Lehrer Mästlin richtete, der auch hier wie in der Kalenderfrage, wie in der Ablehnung der Keplerschen Himmelsphysik die traditionellen Anschauungen vertrat. Wissenschaftliche Erkenntnis und religiöse Überzeugung, beide gewissenhaft geprüft, waren Kepler wichtiger als persönliche Rücksichtnahme; die Konsequenzen nahm er auf sich. Seine – mancher mag sagen – Starrheit in der Konkordienfrage wird erst voll verständlich, wenn man sie im Licht seiner Haltung zu den anderen Glaubensfragen seiner Zeit betrachtet. Denn von gleich hoher Warte aus, über menschliche Kleinlichkeiten und Schwächen erhaben, nahm Kepler zu den Glaubenskämpfen Stellung, zu »jener Geisteskrankheit, die ein barmherziger Gott heilen möge«. So tief er die Trennung der Konfessionen bedauerte, so entschieden lehnte er wiederholt Aufforderungen ab, formell zur katholischen Kirche überzutreten. Ebenso wie beim Prinzipienstreit im protestantischen Lager drang er tief in kirchengeschichtliche Fragen ein. Drei rein theologische Schriften – »Unterricht vom H. Sacrament« (1618), »Glaubensbekandtnus« (1623) und »Notae zum Brief von D. D. Matthias Hafenreffer« (1625) – bezeugen dies.

Es ist ein Merkmal seiner uns schwer verständlichen Zeit, daß Kepler nicht nur der Rang eines kaiserlichen Mathematikers blieb, der sogar von Kaiser Ferdinand neu bestätigt wurde, sondern auch, daß der katholische Kaiser den Protestanten Kepler, im Streit um den Gregorianischen Kalender, 1613 für 2½ Monate als Gutachter zum Reichstag nach Regensburg holte; die Stände in Linz gaben ihm den erbetenen Urlaub, da er, wie er sagte, »zu Zierung meiner profession dient« und da ihm die »anbefohlenen Studia auch aldorten selbst und durch meinen Studiosum zu continuirn glegenhaitt« gegeben sei.

Es seien hier einige Angaben über Keplers Reisen eingeschaltet. Staunend steht der Besucher des Kepler-Museums in Weil der Stadt vor der bunten Reisekarte, die alle großen und kleinen Städte verzeichnet, in denen er sich nachweislich für kurz oder lang aufgehalten hat. Bedenkt man, daß er nur 59 Jahre alt wurde, zweimal verheiratet war und zwölf Kinder hatte, daß er 80 Bücher veröffentlichte, Hunderte von Briefen schrieb, mühsamste Forschungen anstellte, dem Kaiser wie seinen anderen Vorgesetzten jederzeit zu Diensten verpflichtet war, dann fragt man sich, woher er eigentlich die Zeit nahm, Entfernungen zurückzulegen, die vom westlichen Mömpelgard bis nach Kunstadt in Mähren, von Frankfurt im Norden bis in die südöstlichste Ecke des Reichs, nach Graz, reichten. Beinahe in jedem Jahr unternahm er von einem seiner festen Wohnsitze, Graz, Prag, Linz, Sagan, aus Reisen, von denen sich nicht wenige über Monate ausdehnten. Reisen, zu Pferd, im Wagen oder auf dem Schiff, war zu jener Zeit ein oft gefährliches, immer äußerst mühsames und kostspieliges Unternehmen. So mußte er im November 1626, als er mit Frau, Kindern, Büchern und allem Hausrat von Linz nach Ulm umziehen wollte, Familie und alle Habe in Regensburg zurücklassen, »weil sein Schiff vor eis nit fort gemacht«, mußte seine für den Druck der »Rudolphinischen Tafeln« benötigten Zahlenlettern auf einen Wagen umladen und die Reise allein fortsetzen. Ein andermal schrieb er von Ulm aus einem Freund in Tübingen: »Ich hatte den Entschluß gefaßt, Euch zu besuchen, und zwar zu Fuß, da mich Geschwüre plagen, so daß mir das Sitzen auf dem Pferd oder im Wagen schwer fällt; ich wollte besonders auch meinen Körper an die frische Luft bringen. Allein mein Vorhaben war vergebens. Kaum hatte ich Blaubeuren [etwa 20 Kilometer von Ulm entfernt] erreicht, da erkannte ich, daß ich umkehren muß; ich hatte die Reise und meine Kräfte kennengelernt, auch drohte eine Schneeschmelze.« Schon nach Vollendung des »Mysterium Cosmographicum« war er zu Verhandlungen über den Druck des Werkes von Graz nach Tübingen und München gereist; oft mußte er zur Frankfurter Buchmesse fahren, um sich um den Verkauf und den Preis seiner Bücher zu kümmern, denn das Honorar bestand häufig in einer gewissen Anzahl von Freiexemplaren, die er selbst verkaufen mußte.

Ganz schlimm war für ihn das Jahr 1621, als er zur Verteidigung der als Hexe angeklagten Mutter in Württemberg weilte. Im September 1620 war er von Linz mit der Familie aufgebrochen, hatte diese in Regensburg zurückgelassen, weil er sie in der Stadt des permanenten Reichstages bei den politischen und kriegerischen Wirren für gesichert hielt, und war allein nach Güglingen weitergereist. Im Januar 1621 hielt er sich in Tübingen und Leonberg auf, Februar/März besuchte er auf dem Weg über Ingolstadt die Seinigen in Regensburg zur Taufe der Tochter Cordula. Anfang April kehrte er von dort über München zurück nach Tübingen, bald danach ging es weiter nach Ulm. Im Mai war er in Stuttgart, zu Beginn des nächsten Monats am Prozeßort Güglingen. Während einer Prozeßpause, in der zweiten Hälfte dieses Monats, machte sich Kepler an Neckar und Rhein entlang auf den Weg nach Frankfurt, wo er mit seinem Verleger verhandelte und auf dessen Drängen seine »Apologia pro suo opere Harmonices Mundi« und die Widmungen zu zwei anderen Büchern schrieb. Am 7. Juli traf er mit Landgraf Philipp von Hessen in Butzbach zusammen. Von August bis Oktober hielt ihn der in seine Endphase getretene Prozeß in Schwaben fest. Nach dessen gutem Ausgang besuchte er im November seine Familie in Regensburg, ließ sie aber dort und kehrte Mitte des Monats nach Linz zurück. Das beschwerliche Jahr endete mit einer erfreulichen Nachricht vom kaiserlichen Hof, die allerdings schon wieder eine Reise nach Wien notwendig machte. Der neue Kaiser Ferdinand schrieb Kepler: »Demnach wier dich zu unnserem Mathematico mit gleichmäßiger Underhaltung, allermaßen dier solche vonn weilendt Kayser Matthiae bewilliget, an unnd aufgenomben, als haben wier dich dessen in gnaden hiemit erindern, benebens genedigist bevelchen wöllen, daß du dich nach embfachung diss an unnseren Kayserlichen Hof fürderlich einstellen sollest.«

Weltharmonik und Rudolphinische Tafeln

In den Beginn des Dreißigjährigen Krieges fiel die Vollendung von Keplers schwierigstem und oft umstrittenem Werk »Harmonices Mundi Libri V« – die »Weltharmonik in fünf Büchern«. Wir wissen, daß er seit 1597 immer wieder daran gearbeitet hatte, aber es dann, in »der Tretmühle mathematischer Rechnungen«, die ihm keine Zeit »zu philosophischen Spekulationen, der einzigen Wonne«, ließen, zur Seite legen mußte; nach dem Abschluß der »Astronomia Nova« betete er geradezu, Gott möge ihn von der Astronomie befreien, damit er sich ganz der Sorge um die »Weltharmonik« widmen könne.

Für Kepler war es die Erfüllung der Lebensaufgabe, das Ziel, dessentwegen er Astronomie getrieben, Himmel und Erde nach übergeordneten Gesetzen durchforschte, der Lohn seines Mühens und aller Entbehrungen. Er war sich aber auch klar über die Problematik des Werkes; stolzes Selbstbewußtsein und bescheidene Ergebenheit ins Schicksal verbinden sich in den Worten zu Beginn des fünften Buches: »Wohlan, ich werfe den Würfel und schreibe ein Buch für die Gegenwart oder die Nachwelt. Mir ist es gleich! Es mag 100 Jahre auf einen Leser harren, hat doch Gott 6000 Jahre auf den Betrachter seines Werkes gewartet.«

Die beiden ersten »Bücher« sind als Folge von Definitionen (*definitio*) und Sätzen (*propositio*) gefaßt; sie behandeln die Geometrie der mit Zirkel und Lineal konstruierbaren und nicht-konstruierbaren Vielecke und die Frage, welche regulären Vielecke so aneinander gefügt werden können, daß sie eine ebene Fläche lückenlos bedecken. Bei der gleichen Behandlung der vollkommenen Erfüllung eines Raumes findet er zwei sogenannte Sternpolyeder, eine mathematische Entdekkung von großer Bedeutung. Doch so sehr er sich bemühe, alle diese grundlegenden Erkenntnisse in populärer Form darzulegen – er müsse denen, die der Mathematik unkundig sind, den Rat geben, diese Kapitel zu übergehen!

Das dritte nennt Kepler das »eigentlich harmonische

Buch«, eine Theorie der Musik, der Ableitung der konsonanten und dissonanten Verhältnisse – »ihre wahre Definition ist, ob sich die menschliche Seele daran erfreut oder nicht«! Ausführlich geht er auf die als »pythagoräisch« bekannte Zahlenmystik ein. Aber er sucht die »weltbildenden Verhältnisse« nicht in den Zahlen, sondern in den geometrischen Proportionen der Strecken der natürlichen regelmäßigen Figuren – »die Zahlen sind nur der aussprechbare Teil der Geometrie«. »Ich will nichts auf Grund von Zahlenmystik beweisen, und ich glaube auch, daß solche Beweise nicht möglich sind.« Man muß derartige Anmerkungen im dritten Buch sehr ernst nehmen; denn nicht selten wurde Kepler gerade dieser Vorwurf gemacht. Gewiß, das ganze Werk atmet seine Metaphysik, das sein ganzes Leben durchziehende Suchen, aus den astronomischen Tatsachen, aus ihrer physikalischen Begründung und der Geometrie den Plan der Schöpfung zu erkennen, in ihm die Größe des Schöpfers allen zu verkünden: »Ich wünschte nur, ich hätte über die geometrischen Fragen noch populärer, klarer und greifbarer reden können.« Eine Möglichkeit sieht er in der Behandlung der Musik, in der »der menschliche Geist den Schöpfer nachahmt, indem er mittels der Stimme die gleichen Proportionen auswählt und anerkennt, nach denen Gott es gefallen hat, die himmlischen Bewegungen zu richten«.

In einer umfassenden Theorie der Musik geht Kepler ausführlich ein auf den »Dialogo delle musica antica e moderna« von Vincenzo Galilei, dem Vater des Galileo – auch Galileos Bruder Michelangelo war Musiker, Hoflautenist in München. Wiederum fordert er in sehr eigenartigen Begründungen den sechsstimmigen Chor – der Zahl der Planeten entsprechend! Denn er sieht die irdischen Harmonien in den Verhältnissen der Planetenbahnen und -bewegungen realisiert. »Es sind also die Himmelsbewegungen nichts anderes als eine fortwährende himmlische Musik, durch den Verstand, nicht das Ohr aufnehmbar ... Es ist daher nicht mehr verwunderlich, daß der Mensch, der Nachahmer seines Schöpfers, endlich die Kunst des mehrstimmigen Gesangs, die den Alten unbekannt war, entdeckt hat.« Er fordert von den Komponisten eine kunstgerechte Motette, deren Partitur aber sechsstimmig sein muß: »Wer die in meinem Werk dargestellte Himmelsmusik am besten ausdrückt, dem stellt Klio ein Blumengewinde in Aussicht, und Urania verheißt ihm die Venus als Braut.«

Im 13. Kapitel des dritten Buches findet sich ein Kuriosum. Dem, »was ein von Natur aus wohlklingender und kunstgerechter Gesang ist«, stellt er »die knarrende Musik, die die Türken und Ungarn bei ihren Trompetensignalen machen«, gegenüber. Dabei erinnert er sich an in Prag miterlebte türkische Gebetsstunden, an die von Geistlichen gesungenen »Intervalle, die sehr merkwürdig, ungewohnt, abgerissen und unstatthaft waren«, und versucht, »die Melodie so gut wie möglich durch unsere Noten auszudrücken«: Das scheint die erste Aufzeichnung einer Musik anderer Kulturen zu sein.

Das dritte Buch schließt mit einem viele Seiten langen »Politischen Exkurs« über die geometrische, arithmetische und harmonische Ordnung in Regierungsformen, in Rechtspflege und Strafverfahren, angeregt durch ein 1576 in Paris erschienenes Werk von Bodin, dessen Ausführungen Kepler ungenügend erscheinen. Er will dabei »durch Einschaltung eines volkstümlichen und unterhaltenden Gegenstandes den Überdruß an den mathematischen Erörterungen seines Werkes mildern und zugleich seine nicht geringe Brauchbarkeit für die Staatslehre darlegen«. Keplers Idee, aus Naturerkenntnissen Lehren für die Regelung menschlichen Verhaltens zu ziehen, ist in unserer Zeit wieder lebendig geworden.

Im dritten Kapitel des fünften Buches steht das wichtigste, für die zukünftige Astrophysik grundlegende *III. Keplersche Gesetz* – dem Umfang nach nur einige Zeilen, im Vergleich zum ganzen Buch fast zu übersehen. Doch weiß Kepler um seine Bedeutung für die neue Astronomie – schon als er das »Mysterium Cosmographicum« schrieb, hatte er danach gesucht! Man hört es aus den vor Begeisterung überquellenden Worten: »Jetzt, nachdem vor 18 Monaten das erste Morgenlicht, vor 3 Monaten der helle Tag, vor ganz wenigen Tagen aber die volle Sonne einer höchst wunderbaren Schau aufgegangen ist, hält mich nichts zurück. Ich überlasse mich heiliger Raserei, verzeiht ihr mir, so freue ich mich.« Das Gesetz, die

Krönung der Keplerschen Astronomie, lautet: Die Quadrate der Umlaufzeiten *aller* Planeten (einschließlich der Erde) verhalten sich wie die Kuben ihrer mittleren Abstände von der Sonne; oder anders formuliert: Die zweite Potenz der Umlaufzeit dividiert durch die dritte Potenz des mittleren Sonnenabstandes, $T^2 : A^3$, hat für alle sechs Planeten den gleichen Wert.

Der 18. Mai 1618 war jener glückhafte Tag; am 23. Mai geschah der Prager Fenstersturz, das Fanal für den Beginn des Dreißigjährigen Krieges, und am 27. Mai schloß Kepler das Werk ab: »Umsonst hat der Kriegsgott mit Bombarden und Trompeten und seinem ganzen Taratantara gebrummt und geknirscht und dazwischen gebrüllt ... Die Exemplare der Harmonik werden auf der kommenden Herbstmesse in Frankfurt alle erwerben können, denen es am Herzen liegt, die Werke der Hände Gottes, wie ich sie durch das Licht des Verstandes erhellt habe, tiefer zu betrachten.«

Gewidmet ist die »Weltharmonik« Jakob, König von Großbritannien, Frankreich und Irland, »dem großen König, der seine Vorliebe für die Philosophie Platos durch persönliche Leistungen zu dessen Gedächtnis bekundet, der schon in jungen Jahren den Beobachtungen des Astronomen Tycho Brahe, auf die sich mein Werk stützt, die Vorzüge seines Geistes geliehen und schließlich als Mann und Regent die astrologische Eitelkeit öffentlich gebrandmarkt hat«. Die Vereinigung von England und Schottland zu Großbritannien aus der blutigen Erbfeindschaft zu einer Harmonie sei ein zuverlässiges Omen, daß er, wie innerhalb, so auch außerhalb seiner Länder, »noch ein bestimmtes größeres, herrlicheres und noch dauerhafteres Werk vollbringen« werde, nämlich die Beendigung der Glaubenskämpfe auf dem Kontinent; so widmet er »die kosmischen Harmonien dem so rühmlichen Harmosten«; die Einsicht in die himmlischen Harmonien soll »das Streben nach Harmonie und Einigkeit auf kirchlichem und politischem Gebiet wecken und stärken«. Das Buch wurde auf Kosten des Frankfurter Buchhändlers Gottfried Tampach bei Plank in Linz gedruckt; das Honorar bestand in 100 Exemplaren, die

Kepler zum vorgeschriebenen Preis von 2½ Gulden verkaufen konnte.

Keplers Hoffnung, der Krieg werde bald beigelegt, ging nicht in Erfüllung; er sorgte sich um das Schicksal seines Buches. Am 30. April 1620 schickte er mit einem Brief an den Senat von Regensburg, der heute im dortigen Kepler-Museum aufbewahrt wird, ein Exemplar »auf Schreibpapier« für die Stadtbibliothek, eine der »ansehnlichsten uralten des H. Röm. Reichs«, damit es dort »auff die nachkhommen gebracht werden solle ... inmittels aber und anjetzo schwere khriegsläuffte eingefallen, und noch mehrere für der Thür, durch welche nicht allein alle Gewerbe gehindert und das Bücher khauffen bey manchem privato eingestellet wird, ... sonderlich wann es dergleichen Materien seind, die sonsten nit iedermans Verstand oder erlustigung bequemlich.« Deshalb bittet er, »dem hiermit unterdenstlich praesentirten Exemplar eine stell in dero Bibliotec zu vergünnen«. Der Brief schließt mit den herrlichen Worten: »Das gereicht zur Ehre Gottes des Schöpffers, zue mehrern dessen erkhentnus auss dem Buch der Natur, zue besserung des menschlichen lebens, zue vermehrung sehnlicher Begierd der Harmonien im gemeinen Wesen, bey ietziger schmertzlich übel khlingenten dissonanz.«

Aus der gleichen Zeit stammt Keplers umfangreichstes Werk, das Lehrbuch der neuen Himmelsphysik »für den gemeinen Pöfel, für Schulbänke niederen Ranges«. Es ist in der Form von Frage und Antwort geschrieben. Das Ptolemäische, das Copernicanische und das eigene Planetensystem werden behandelt; Kepler hat darin seine physikalischen Vorstellungen über Bewegungen und Kräfte und ihre Verwendung in der Himmelsphysik weiterentwickelt, und zwar – hierin liegt der große wissenschaftsgeschichtliche Wert des Werkes – mit anschaulichen Beispielen und vielen geometrischen Figuren. Die noch immer vorherrschende, in Italien zur Verfolgung des Galilei ausartende Abneigung gegen die neuen astronomischen Einsichten veranlaßte ihn, das Buch abzufassen – erschien doch noch 1624 wieder eine Neuauflage von Mästlins »Epitome Astronomiae« ganz vom Ptolemäischen Standpunkt aus!

Ihr setzte Kepler sein Buch entgegen: »Epitome [= Abriß] Astronomiae Copernicanae«. – »Mögen sich andere zu ihr stellen, wie sie wollen, ich erachte es ihr gegenüber als meine Pflicht, sie, die ich in meinem Innern als wahr erkannt habe und deren Schönheit mich mit unglaublichem Entzücken erfüllt, auch nach außen hin mit allen Kräften meines Geistes zu verteidigen.« Die Abfassung und der Druck der sieben selbständigen Teile zogen sich lange hin: »Inter arma Bavarica, crebrosque morbos et mortes tam militum quam civium« (während der bayerischen Belagerung und wie oft zwischen verwundeten und toten Soldaten und Bürgern) mußte er arbeiten; dazu wurde der erste, 1617 schon erschienene Teil in Rom 1619 auf den Index gesetzt. Die letzten Bände vollendete Kepler erst im Sommer 1621 während seiner Aufenthalte in München und in Stuttgart, nachdem er vor allem die schwierige Mondtheorie vollständig geändert hatte. Offenbar wurde das Werk viel gekauft, denn fünf Jahre nach Keplers Tod, 1635, gab der Frankfurter Verleger einen Neudruck heraus.

Schwierigkeiten durch den Krieg und Schikanen durch die Gegenreformation lösten sich ab. Zwar ließen die Verordneten der Landschaft wie einst die in Graz allerlei Rücksicht auf den berühmten Mann walten. Sie stellten ihm z. B. eine Wohnung im Ständehaus zur Verfügung, als sein Haus durch Schießerei gefährdet war. Doch »fortwährend wurde das Ohr durch den Geschützlärm, die Nase durch üble Dünste, das Auge durch den Feuerschein bedrängt«. Kepler blieb nicht von Schikanen verschont, arbeitete aber unentwegt weiter. In den »Zeitungen des 1626. Jahrs« steht die Meldung aus Linz vom 6. Januar: »Bey uns ist die Reformation [d. h. Gegenreformation] nicht eingestellet, sondern von Ih. Maj. fortzusetzen bevohlen ... Heut und gestern hat man die bücher visitieret, bey der Landschafft Officirern den anfang gemacht ... auch Herrn Keppler Kay. M. und der Ständ Mathematico sein Studierstuben verbitschirt worden ...«. Kepler soll die »ketzerischen Bücher heraussuchen und ausliefern, d. h. die Hündin soll eines von ihren Jungen preisgeben. Wahrlich, das Mal einer solchen Sklaverei brennt!« An den Unterricht war gar nicht mehr zu denken, »niemand würde mir zuhören wollen, da mich die Tübinger öffentlich exkommuniziert haben«, nur seine eigenen Kinder konnte er »das lehren, was dem Frieden dient«.

Seine größte Sorge galt nun der Fertigstellung und dem Druck der »Rudolphinischen Tafeln«. Der Abschluß des – am Arbeitsaufwand gemessen – größten Keplerschen Werkes fällt in die letzten Linzer Jahre. Die zu Keplers Zeit für astronomische Berechnungen zur Verfügung stehenden Alfonsinischen (nach König Alfons X. von Kastilien, 1221 bis 1284) und Prutenischen (die Preußischen des Erasmus Reinhold, 1511 bis 1553) Tafeln wiesen offensichtliche Fehler auf; immer größer wurde der Unterschied zwischen den darin berechneten und den tatsächlichen Örtern der Planeten am Himmel. Einsichtige Astronomen, an ihrer Spitze Landgraf Philipp von Hessen und Tycho Brahe, hatten längst erkannt, daß allein genauere Beobachtungen diesem Übel abhelfen könnten, und bemühten sich, durch verfeinerte Instrumente die Beobachtungskunst zu fördern und zuverlässige Beobachtungen zu sammeln. Den hervorragendsten Beitrag zu dieser Sammlung lieferte Brahe mit seinem Beobachtungsschatz, der die Grundlage für die Erneuerung der Astronomie durch verbesserte Tafeln bilden sollte. Im August 1601 bat Brahe Kaiser Rudolf II. um die Erlaubnis, die neuen Tafeln die »Rudolphinischen« nennen zu dürfen. Kepler sollte zusammen mit Brahe diese Riesenarbeit in Angriff nehmen. Als Brahe schon einen Monat später starb, bat er Kepler auf dem Sterbebett, das dem Kaiser versprochene Werk so schnell wie möglich fertigzustellen. Dem neu ernannten kaiserlichen Mathematiker Kepler wurde die Aufgabe gestellt, die Tafeln druckfertig zu machen. Ihr Werdegang ist von da ab eng verflochten mit dem wechselvollen Lebensschicksal Keplers, vor allem natürlich mit seinen wissenschaftlichen Arbeiten bis in das Jahr 1627. Er hatte einen Auftrag übernommen, dessen Klippen und Untiefen sich ihm erst bei der Bearbeitung offenbarten. Um überhaupt für die Planetenberechnung die nötigen Unterlagen zu beschaffen, mußte er zuerst seine Planetengesetze finden. Welch immense Leistung allein dahintersteckt, ist in den Kapiteln über die »Astronomia Nova« und die »Harmonice Mundi« gesagt.

Wieviel unsägliche Mühe bereitete allein die Mondtheorie! Noch beim Druck änderte und feilte er an ihr.

Während das Werk mit den endlosen Rechnungen wuchs, erfand Lord Neper die Logarithmen. Sie mußten bei den Rechnungen berücksichtigt werden. Aber Kepler begnügte sich nicht mit der Benützung der Neperschen Tafeln, welche 1617 ohne Erklärung ihrer Berechnung erschienen waren – von dem die Zahlenrechnungen so sehr vereinfachenden Verfahren hatte er schon durch Jost Bürgi erfahren, der vor Neper solche »Progreß-Tabulen« gerechnet, aber erst 1620 gedruckt hatte. Kepler war begeistert. Sehr zum Mißfallen von Mästlin – »es steht einem Professor der Mathematik nicht an, sich über irgendeine Abkürzung der Rechnungen kindisch zu freuen«! – verfaßte Kepler eine Erklärung der Methode und eine Logarithmentafel. Mästlin hintertrieb die Veröffentlichung; der Landgraf Philipp von Hessen-Butzbach ließ die »Chilias Logarithmorum« ohne Wissen Keplers 1624 drucken – aber noch ohne Gebrauchsanweisung; diese folgte 1625.

Endlich, im Frühjahr 1624, war Kepler mit beiden Teilen fertig: den astronomischen Tafeln zur Berechnung des Sonnen- und Mondortes und damit der Verfinsterungstermine sowie der Planetenörter für jede beliebige Zeit vor und nach Christus, und den Praecepta oder Anweisungen zur Benutzung der Tafeln. »Die ›Rudolphinischen Tafeln‹, die ich von Tycho als Vater empfangen habe, habe ich nun ganze 22 Jahre in mir getragen und gebildet, wie sich allmählich die Frucht im Mutterleib bildet. Nun quälen mich die Geburtswehen.«

Die Geburt des Werkes, d. h. seine Drucklegung, war nicht minder beschwerlich und zeitraubend als sein Entstehen. Was Kepler dabei allein in physischer Hinsicht geleistet hat, wie er fast bis zur Erschöpfung alles daran setzte, um das Werk abzuschließen und zu veröffentlichen, das alles zeugt von einem hohen Pflichtbewußtsein. Die Geldbeschaffung ward fast unmöglich in einer Zeit, da alle Kassen für die Kosten des 1618 begonnenen Krieges geleert und mit Vorgriffen belastet waren. Mit welchem Verhandlungsgeschick, aber auch welchen Mühen setzte Kepler dabei seine weitreichenden Beziehungen ein, um wenigstens einen Teil seines rückständigen Gehaltes für den Druck bereitstellen zu können. Auf monatelangen Reisen bemühte er sich um die kaiserlichen Anweisungen an die Städte Kempten, Memmingen und Nürnberg.

Dazu kamen wieder langwierige Auseinandersetzungen mit den Erben Brahes, die sich für die Formulierung des Titels, für die Widmung an den Kaiser und die Vorrede ein Mitspracherecht ausbedungen hatten. Man quälte Kepler mit Nebensächlichkeiten, so mit Wünschen über die Tracht, in der die Erben ihren Vater auf dem Titelkupfer dargestellt haben wollten: »in einem langen damaschen Stoffpelss und ein gefüttert müze aufs haubt sambt ein klein güldenes kettel umb den halß, darinne ein Elephant mit ein turmel auf dem rücken worinne ein mohr sizt, hengent, wie Er dan sich zur zeit wan Er daß Observiren beygewohnet in der gleichen kleidung sich getragen«.

Nicht minder große Sorgen bereitete Kepler die Wahl des Druckorts. Brannte doch die Kriegsfackel an allen Ecken. Er hatte von Anfang an sein Augenmerk auf Ulm gerichtet, da die gegenreformatorischen Maßnahmen in Linz bereits ihre Schatten warfen. »Ein in Tübingen gedungener Mann« ließ ihn der religiösen Kämpfe wegen im Stich, »allein die billige Denkart unseres Präsidenten, des Grafen von Herbersdorff, erreichte es, daß die [Gegen-]Reformationskommission mir die Erlaubnis gab, bis zur Vollendung meines Werkes geeignete Leute anzustellen ohne Rücksicht auf ihr religiöses Bekenntnis«. Denn der Kaiser bestand darauf, daß das Werk in Österreich gedruckt werde. So blieb Kepler vorerst in Linz und begann mit dem Satz der Tabellen in seiner eigenen Ziffernschrift. Das im Oktober 1625 erlassene »Reformationspatent« konnte ihm nicht viel anhaben, da er das Vorrecht eines Hofbeamten genoß; jedoch ging durch die erwähnte vorübergehende Versiegelung seiner Bibliothek Zeit verloren. Von einem raschen Fortgang der Druckarbeiten konnte keine Rede sein. »Ich bin auf die Herausgabe so begierig wie Deutschland nach Frieden«, schrieb er. Aber dann mußte er erkennen, daß der Befehl des Kaisers, in Linz zu drucken, »wo doch alles dem Untergang entgegengeht«, undurchführbar war. Er konnte nicht nochmals vergeblich »Deutschland durchstreifen, um Arbeiter für Linz anzuwerben«. So blieb nur sein alter Plan: »Die Stadt Ulm, wo bereits das Papier auf mich wartet, wo sich ein geschickter, williger und billiger Drucker [Jonas Sauer] befindet und wo dazu auch Friede herrscht« – auch wenn ihm die Finanzierung jetzt unsicherer als je erschien.

Im Frühjahr 1626 brach in Oberösterreich der furchtbare Aufstand der Bauern aus. Brennend und plündernd zogen sie unter der Führung Stephan Fadingers durchs Land und schlossen am 24. Juni die Stadt Linz ein. Brände, Seuchen und Hunger breiteten sich in ihrem Gefolge aus; Kepler kam bei diesem Schrecken glimpflich davon. »Durch Gottes Hilfe und den Schutz seiner Engel habe ich die Belagerung 14 Wochen heil überstanden. Ich mußte auch nicht Hunger leiden, obwohl ich kein Pferdefleisch kostete; nur wenige teilten dieses Glück mit mir.« Aber Geschützlärm und das Treiben der Soldaten störten ihm bei Nacht den Schlaf, bei Tag die Studien. Endlich, im August 1626, ließ beim Herannahen der kaiserlichen Truppen der Druck der Belagerung nach. Der Kaiser erteilte ihm auf eine erneute Bittschrift hin die Erlaubnis zur Reise nach Ulm und zur Ausfuhr der Lettern; die Hofkanzlei stellte am 8. Oktober Kepler einen Brief aus, ihn allerorten ungehindert passieren zu lassen. Am 20. November brach er seine Zelte in Linz ab und machte sich mit Frau, fünf Kindern, Büchern und allem Hausrat auf den Weg nach Ulm. Zunächst fuhr er mit dem Schiff bis Regensburg. Da aber ein harter Winter hereinbrach, mußte er die Familie in Regensburg zurücklassen, wo er sie in dem Eckhaus der heutigen Keplerstraße 2 einmietete. Er selbst setzte die Reise, da die Donau Eis führte, in einem Wagen, auf dem er seine Zahlenlettern und das zum Druck vorbereitete Werk mitführte, fort und kam um den 9. Dezember 1626 glücklich in Ulm an.

Hier fand Kepler endlich alles, wonach er sich schon lange sehnte: Frieden und Ruhe, eine für ihn vorbereitete Wohnung bei dem Freund Gregor Horst in dessen »Nebenbehausung im Kholgässlin« (sie wurde durch einen Luftangriff im letzten Krieg zerstört), auch einen bestens empfohlenen Drucker, dessen Druckerei gegenüber lag. Der Ulmer Rektor Hebenstreit wie der Mähringer Pfarrer Bachmeier hießen ihn in hilfsbereiter Freundschaft willkommen. Einen ganzen Wagen voll Kemptener Papier hatte Kepler 1625 schon nach Ulm dirigiert. Kepler verbrachte nun viele Stunden des Tages in der Druckerei, wo man ohne seine Mithilfe nicht auskam; er las wöchentlich von vier Bogen die Korrekturen. Blättert man die noch erhaltenen 568 Seiten des Druckmanuskripts durch, so ist man nicht allein über Keplers Leistung erstaunt, sondern auch über die des Setzers, dem die zum großen Teil wenig übersichtliche Vorlage zu entziffern aufgegeben war. Kepler druckte auf eigene Kosten, die freilich doppelt so hoch waren, wie er in Linz angenommen hatte. Nur für das Papier reichten die eingetriebenen Forderungen. So ließ er seinem Sohn Ludwig, der um Geld bat, ausrichten: »Wegen meines Werkes hat mich der Kaiser angestellt, nicht um einen Sohn auszustatten!« Mit dem Drucker Sauer, der sich als ungestümer und verschwenderischer Mann erwies, geriet Kepler in Streit, so daß er sogar daran dachte, den Druck in Tübingen fortzusetzen. Zum Glück kam es nicht zum Äußersten.

Anfang September 1627 war die Drucklegung der tausend Exemplare der »Rudolphinischen Tafeln« vollendet. Ohne Säumen schloß sich Kepler mit einem Teil der Auflage Ulmer Kaufleuten auf die Reise zur Frankfurter Herbstmesse an. Nachdem er den Rat von Sachverständigen eingeholt hatte – die gelehrten Jesuiten schlugen einen Preis von fünf Gulden für ein Exemplar vor, die Buchführer und Drucker, die allein nach dem Papier und der Druckarbeit schätzten, einen Preis von zwei Gulden –, setzte der kaiserliche Bücherkommissar ihn am 20. Oktober auf drei Gulden fest, mit einem Aufschlag von 40 Kreuzern für ein Exemplar auf besserem Papier. Da aber die Messe bereits zu Ende ging, konnten Werk und Preis nicht mehr genügend bekanntgemacht und die Exemplare den anwesenden Buchführern nicht ausgeliefert werden; jedoch wurde das Buch in den Messekatalog aufgenommen.

Recht langsam kehrte Kepler von seinen Geschäften in Frankfurt nach Ulm zurück, sich da und dort mit Widmungsexemplaren dankbar erzeigend, so dem Senat von Esslingen, weil ihm »eine sonderliche hohe unverdiente Ehr mit köstlichem Wein und ferners eine hochnotwendige Ausstaffirung auff die uberige Raise mit der Leihung eines Spitalgauls und Jungens großzügig widerfahren«. Nach einem Besuch bei den Seinigen in Regensburg langte er am 29. Dezember 1627 in Prag an. Voll Stolz überreichte er seinem Kaiser das von der Gelehrtenwelt so sehnlichst erwartete Tafelwerk, einen stattlichen Folioband. Die Widmung an Kaiser Ferdinand II. schrieben jedoch die Erben Tycho Brahes: »Denn unser Vater hatte es begonnen und ihm den Namen gegeben, und auf Grundlage der Beobachtungen unseres Vaters, die Kepler zu treuen Händen erhalten hatte, ist es ausgeführt worden ... Gleichzeitig möchten wir, die wir von unserem Vater sonst nichts geerbt haben, uns untertänigst der Milde und Güte Eurer Majestät anempfehlen!«

Dieser offiziellen Widmung fügte Kepler einen Brief an den Kaiser hinzu: »Was soll ich aber sagen« – sein Mißbehagen, seine Kritik sind unüberhörbar! –, »nachdem die Widmung des Werkes, mit dem ich mich 26 Jahre lang abgemüht habe, an Eure Majestät bereits vollzogen ist?« »So möchte ich mich zu Früherem wenden und ganz von Anfang an über meine ersten Sorgen und Gedanken berichten, die ich aus Eigenem den Tafeln zugebracht habe.« Er erinnert den Kaiser daran, daß er ihm als Erzherzog vor 29 Jahren in Graz eine Schrift überreichte und ihn dabei – unter dem Eindruck seiner »einzigen Entdeckung im ›Mysterium Cosmographicum‹« – »nur um das eine bat, helfend die Hand zu reichen, um zu zuverlässigen Beobachtungen zu gelangen. Damals hatte mir Tycho noch keinen Brief geschrieben, er war noch nicht nach Böhmen gekommen.« Nun zählt Kepler all die vielen Schwierigkeiten und Behinderungen seiner für die »Rudolphinischen Tafeln« erforderlichen Arbeiten auf. Jetzt glaube er, daß »der verborgene Genius der Astronomie den Erfolg der Studien aufschieben wollte«, bis Ferdinand Kaiser geworden war. Dann bricht – wie ein Jahrzehnt früher in der Widmung der »Weltharmonik« an König Jakob von England – Keplers ganzer Jammer über den Bürgerkrieg, den »gräßlichen Zwiespalt der Meinungen« durch, so daß »seine Studien, eine Zierde des Friedens, immer noch auf den Frieden im Reich warten müssen«. Könnte ihre glückliche Vollendung vielleicht »ein günstiges Vorzeichen für einen baldigen Friedensschluß bedeuten«? Um so mehr bedrücke ihn die Unvollkommenheit seines Werkes – alles was zu seiner Verbesserung gewünscht wird, »ist zu erfahren höchst wichtig für uns, die wir vor Verlangen nach Frieden vergehen, da nur in ihm der Gebrauch der Tabellen einen gedeihlichen, frohen Fortschritt zu bewirken vermag«.

Am Schluß des Briefes kommt noch einmal Keplers Bitterkeit zum Ausbruch: »Eure Hl. Kais. Majestät bitte ich inständig, mit den ›Rudolphinischen Tafeln‹, die Ihr von den Erben Brahes, ihres ersten Urhebers, dargeboten und gewidmet werden, auch meine langjährigen Arbeiten bei ihrer Abfassung und Vervollkommnung freundlich aufnehmen ... zu wollen.«

Der Kaiser war gnädig: In einer Audienz beim Fürsten Eggenberg im Februar 1628 wurde beschlossen, Kepler zusammen 4000 Gulden zu bewilligen, für welche allerdings die Städte Ulm und Nürnberg aufkommen sollten! Die »Rudolphinischen Tafeln« bildeten von nun an für annähernd zwei Jahrhunderte ein unentbehrliches, ja, das beste Hilfsmittel in der Astronomie und trugen den Ruhm Keplers um die Erde »von der Jesuitensternwarte in China bis zu den Vermessungsschiffen der amerikanischen Ostküste« (Bauschinger).

Noch bleibt von dem berühmten Maßkessel zu berichten, der seine Entstehung Keplers Aufenthalt in Ulm verdankt. In einer Zeit, da jedes Land und jede Reichsstadt eigene Maßeinheiten besaß, glaubte der Ulmer Magistrat, der eben in seinen Mauern weilende berühmte Mathematiker sei der rechte Mann, um Ordnung in die Maße und Gewichte der Stadt zu bringen. Kepler arbeitete »zur geringen anzeig meiner Danckhbarkheit für den bishero mir ertheilten Schutz, Gunst und Gutthaten« den Plan für ein Eichgefäß aus, in dem die Ulmer Längen-, Gewicht- und Hohlmaße enthalten und rechnerisch aneinander geknüpft sind, um sie vor willkürlicher Veränderung zu schützen. Unter Assistenz des Mathematikers Johann Faulhaber wurde der Kessel nach genauen Angaben Keplers »von Mess« gegossen; er steht heute im Museum der

Stadt Ulm, das Kepler-Museum in Weil der Stadt besitzt eine Nachbildung. Er trägt die Maßangaben in Keplers Versen:

Zwen schuch mein tieffe, ein eln mein quer,
ein geeichter aimer macht mich lehr,
dan sind mir vierthalb centner bliben,
vol donauw wasser wege ich siben,
doch lieber mich mit kernen euch
vnd vierund sechzig mal abstreich,
so bistu neinzig ime reich.

Sagan und Regensburg (1628–1630)

Nach der Vollendung seines astronomischen Hauptwerks – so bezeichnet Kepler die »Rudolphinischen Tafeln« – trat die Sorge um die Zukunft wieder in den Vordergrund. Wohin sollte er sich wenden, nachdem der kaiserliche Auftrag erfüllt und eine Rückkehr nach Linz unmöglich war? »Wenn die ›Rudolphinischen Tafeln‹ herausgegeben sind, wünsche ich mir einen Ort, wo ich bei einigem Zulauf von Hörern darüber unterrichten kann, wenn es möglich ist, in Deutschland, wenn nicht, in Italien, Frankreich, Belgien oder England, wenn nur für den Fremdling ein entsprechendes Gehalt zur Verfügung steht.« Er schmiedete Pläne mit Freund Bernegger, nicht ohne Hoffnung auf eine Professur in Straßburg, aber anläßlich eines Besuchs bei dem Landgrafen Philipp von Hessen in Butzbach vom 6. bis 19. Oktober 1627 wurden alle zugunsten eines anderen, ebenfalls schon lange in Erwägung gezogenen Plans, verworfen. Materieller Schwierigkeiten wegen war die Veröffentlichung der Tychonischen Beobachtungen bisher unterblieben. Wäre das nicht jetzt eine Aufgabe, »an wöllicher der posteritet, diser Kunst halben, vil gelegen«? »Wan ich nur einige Mittel sähe, ein Jahr oder zway bey einer druckherey sampt weib und Kinder auszudauren, ... so wolte ich ... Irer Kay. Majestät die Notdurfft dises ferners vorhabenden und alberait anbefohlenen druckhs fürtragen, und umb allergnedigste Erlaubnuß der absentz anhalten.« Mit diesen Worten wandte sich Kepler an den Neffen Philipps, den regierenden Landgrafen Georg II. von Hessen-Darmstadt. Der dem Kaiser ergebene Fürst zeigte sich dem Bittsteller geneigt, und man verabredete Marburg als Aufenthaltsort für Kepler und seine Familie.

Mit einem Schlag änderte sich jedoch wiederum die ganze Situation, als Kepler Ende 1627 nach Prag kam und – kurz vorher noch in melancholischer Gemütsverfassung – von der Hochstimmung mitgerissen wurde, die bei Hof herrschte. Kaiser Ferdinands Sohn, der nachmalige Ferdinand III., war zum König von Böhmen gekrönt worden, die Erfolge des kaiserlichen Heeres steigerten die Hoffnung auf einen endlichen Sieg, den man unter der Feldherrnfahne Wallensteins erringen wollte, Keplers Befürchtung, als Hofmathematiker entlassen zu werden, erwies sich als grundlos! Nun erlebte er, wie gnädig der Kaiser ihn und sein Werk aufnahm, welche Verehrung und Gunst er als berühmter Mann bei den Räten am Kaiserhof genoß. Seine Zuversicht wuchs, wenn ihm auch nicht entging, daß diese Verehrer nicht mehr die alten, der Augsburger oder Böhmischen Konfession anhängenden Freunde seiner Prager und Linzer Jahre waren, sondern Vollstrecker der gegenreformatorischen Maßnahmen, die Prag zu einer katholischen Stadt gemacht hatten. Der Kaiser wollte Kepler in seinen Diensten halten und machte ihm ein »verlockendes Angebot«, dessen Inhalt uns nicht bekannt ist; nur *eine* Bedingung war damit verknüpft: Kepler sollte katholisch werden; der Kaiser ließ ihn wissen, wie sehr er diesen Übertritt wünschte. Der mit Kepler jahrelang in wissenschaftlicher und persönlicher Freundschaft verbundene Jesuit Guldin bemühte sich, Keplers theologische Bedenken zu zerstreuen. Doch dieser parierte geschickt und blieb fest: Man solle nicht ihn, sondern die Mißstände im kirchlich-politischen Leben bekämpfen, die ihn »mit Schrecken erfüllen«. »Es wäre um meine Frömmigkeit gegenüber Gott seither schlecht bestellt gewesen, wenn ich jetzt erst anfangen müßte, katholisch zu werden. Bin ich doch gleich an der Schwelle des Lebens von meinen Eltern in die katholische Kirche gebracht, mit dem heiligen Taufwasser besprengt und dabei mit dem Geist der Kindschaft Gottes beschenkt worden. Seither bin ich nie aus der katholischen Kirche ausgetreten.« Dann rühmt er sich der Zugehörigkeit zur Augsburger Konfession, in der er von Jugend auf unterrichtet worden sei; er macht Zugeständnisse an die katholische Religionsausübung – aber umsonst. Wie einst seine evangelischen Glaubensbrüder, so verlangen jetzt auch die Katholiken – eine »tyrannis ecclesiastica« – eine vorbehaltlose Entscheidung. Konnte sie anders als zugunsten der Gewissensfreiheit ausfallen? »Gradaus und rein« lehnt er ab: »Ich bleibe in der katholischen Kirche. Um der Ablehnung dessen willen, was ich nicht als apostolisch und also auch nicht als katholisch anerkenne, bin ich bereit, nicht nur die Belohnungen fahren zu lassen, die mir gegenwärtig dargeboten werden und denen Seine Kaiserliche Majestät hochherzig und freigebig zugestimmt haben, sondern auch die Österreichischen Länder, das ganze Reich und, was viel schwerer wiegt als dies alles, die Astronomie selber.«

In diese ausweglose Lage fiel das Licht eines neuen Sterns: die Gunst Wallensteins. Der mächtigste Mann am Kaiserhof, eben mit dem Herzogtum Sagan belehnt, suchte Ruhm auch »aus der Förderung der Wissenschaften, ohne Rücksicht auf das religiöse Bekenntnis, zu erwerben«. Dem in astrologischem Wahn befangenen Feldherrn war Kepler längst kein Fremder mehr. Zweimal schon, 1608 und 1624, hatte ihm der kaiserliche Mathematiker ein Horoskop ausgearbeitet, wofür sich Wallenstein bei gegebener Gelegenheit mit »annehmblicher freundtschafft« dankbar zu erweisen versprach. Jetzt war dieser Moment gekommen. »Bei der ersten Erwähnung«, schreibt er, »überhob mich der Herzog leicht der Notwendigkeit, außerhalb der kaiserlichen Erblande einen Aufenthaltsort zu suchen. Er wies mir gnädigst einen ruhigen Platz in Sagan an, setzte mir ein seinem sonstigen glänzenden Auftreten entsprechendes Jahresgehalt aus und versprach mir auch eine Druckpresse, unter voller Zustimmung der kaiserlichen Umgebung.« Außerdem ersuchte der Kaiser seinen Feldherrn, Kepler zur Erlangung seines noch ausständigen Guthabens von nahezu 12000 Gulden bei der Hofkasse behilflich zu sein. Nicht ohne Bedenken und Rückversicherung – denn das Kriegsglück ist wandelbar – fiel Ende April 1628 Keplers Entscheidung, »sich dem Wagen jenes Phaeton anzuvertrauen«. Bald darauf nahm er für immer Abschied von Prag.

Im Mai 1628 kehrte Kepler zu seiner Familie nach Regensburg zurück. Wegen der weiten Reise nach Sagan und der allgemeinen Unsicherheit mußte ein Teil des Hausrats und der Wertgegenstände »bey gutten Freünden behaltsweis« zurückgelassen werden. Sie führte über Linz, wo die Stände ihn aus ihren Diensten entließen und ihm 200 Gulden als Dank für die »Rudolphinischen Tafeln« gaben. Wallenstein hatte seinem Landeshauptmann in Sagan Keplers wegen befohlen, »daß Ihr ihn nicht allein mit einer bequemen wohnung gegen leidlicher bezahlung versehen, sondern auch sonsten in allem die verhülffliche hand bitten und denselben Euch wohl recommendiret sein lassen sollet«. Als jährliches Gehalt setzte er 1000 Gulden aus.

Nach der Ankunft in Sagan Ende Juli traf Kepler Vorbereitungen zur Einrichtung der versprochenen Druckerei. Zu seinem Kummer dauerte es fast anderthalb Jahre, bis eine Druckpresse erworben, ein Setzer und ein Drucker angestellt, sein eigener Zahlenletternbestand ergänzt waren, was zudem eine Menge Schreibereien und Reisen nach Görlitz, Friedland und Gitschin erforderte. Vom Juli 1629 an bewilligte Wallenstein jährlich 20 Ballen Papier und wöchentlich 20 Gulden Druckerunkosten, stellte aber schon ein Dreivierteljahr später diese Zuschüsse ein. Jetzt wäre es an der Zeit gewesen, mit dem Druck der Tychonischen Beobachtungen zu beginnen, worauf die Astronomen sehnlichst warteten. Sosehr aber Kepler diese Aufgabe nach außen hin in den Vordergrund schob, er konnte nicht verbergen, daß ihm diese rein editorische Tätigkeit gar nicht lag. Zudem hatte er Brahes Beobachtungen bereits in den »Rudolphinischen Tafeln« ausgemünzt, so daß es ihm jetzt viel wichtiger erschien, die Veröffentlichung von astronomischen Jahrbüchern (Ephemeriden) auf der Grundlage der neuen Tafeln fortzusetzen, um anderen in dieser Absicht zuvorzukommen; die Tychonischen Beobachtungen blieben unveröffentlicht!

Worin bestanden die Dienste des »Mathematicus der Kaiserlichen Majestät und des Herzogs von Friedland«? Die astronomischen Berechnungen der Planetenörter, die sich Wallenstein von dem berühmten Verfasser der »Rudolphinischen Tafeln« erbat, um auf deren Grundlage von seinen willfährigen Astrologen – einer davon war der durch Schiller als Seni bekanntgewordene Genuese Zeno – das in den Sternen geschriebene Schicksal zu erfahren, berechtigen durchaus nicht dazu, Kepler als »Hofastrologen« des Fürsten zu bezeichnen. Dieser lehnte vielmehr dessen »ganz offentlich an tag gegebenen irrigen Wahn« aus der Einsicht heraus ab, daß die Verbindung der Astrologie mit Staatsgeschäften großes

Unheil heraufbeschwören könne. Zudem deckte sich, wie schon gesagt wurde, die Begründung seiner Astrologie nicht mit den Regeln der landläufigen Sterndeuter und -gläubigen.

Kepler wartete von Monat zu Monat darauf, daß ihm Wallenstein zu den 12000 Gulden verhelfe, die die kaiserliche Kasse ihm schuldete. An Bargeld war von vornherein nicht zu denken; das brauchte der Generalissimus selbst für andere Zwecke. Doch gab er Auftrag, nach einem dem kaiserlichen Fiskus anheim gefallenen Lehen zu suchen, mit dem Kepler befriedigt werden könne. Allein die Unterhandlungen wegen des Guts Görlachsheim bei Friedland scheiterten wie andere im Halberstädtischen. Kepler konnte sich in der damaligen kriegspolitischen Situation auch nicht dazu entschließen, einen Ruf an die Universität Rostock anzunehmen. Denn »wenn ich nach Rostock übersiedle, muß ich Deutschland verlassen. Der Fürst ist zwar Herr über seine Gunst, allein das Schicksal ist auch Herr über den Fürsten. Wenn sich etwas ereignen würde, was den gegenwärtigen Zustand ändert, so käme ich mit meinem Gehalt als Mathematiker in die Klemme, da ich fern vom Hof wäre. Ist Friede an der Ostsee, so ist der Herzog gezwungen, mit seinen Truppen weiter von da wegzuziehen. Ist aber kein Friede, wie fast allgemein angenommen wird, so wird er dort den Schweden, den Dänen und die holländische Flotte zu Feinden haben.« Von dem vorerst pünktlich ausbezahlten Gehalt ließ sich zwar auskömmlich, dennoch nicht sorglos leben; aber »ich bin Gast und Fremdling, fast völlig unbekannt, und verstehe kaum den Dialekt, wie ich selbst als Barbar angesehen werde«. Er lebte in Einsamkeit und Unruhe. »Es ist die Einsamkeit, die mich hier abseits von den großen Städten des Reiches beengt, wo die Briefe nur langsam hin- und hergehen und mit großen Auslagen verbunden sind. Dazu kommen die Wirren der Reformation, die sich zwar an mich nicht heranmachten, mich aber doch auch im geheimen nicht übersahen und mir traurige Beispiele und Bilder vor Augen stellen, wie Bekannte, Freunde, Leute aus der nächsten Umgebung ruiniert werden und der mündliche Verkehr mit den Geängstigten durch Furcht abgeschnitten wird.« Aus politischen Gründen drang Wallenstein nämlich auf die

Rekatholisierung des Herzogtums Sagan, entgegen seiner sonst bezeugten überkonfessionellen Haltung.

In Keplers Saganer Zeit war die Heirat der Tochter Susanna mit seinem »Gehilfen« Jakob Bartsch das bedeutsamste Familienereignis. Der aus Lauban gebürtige »fleißige und arbeitsame Mensch« hatte in Straßburg Astronomie und Medizin studiert und sich dann als ausgezeichneter Mitarbeiter Keplers bei den mühsamen Ephemeridenrechnungen und späteren Druckgeschäften erwiesen. Nur seine astrologischen Neigungen wollten Kepler nicht recht gefallen. Freund Berneggers nie versiegende Hilfsbereitschaft verhalf dem von Kepler eingefädelten Plan zum glücklichen Ausgang: er arrangierte eine erste Zusammenkunft des »Astrophilus und Medicus« Bartsch mit Susanna, einem »bescheidenen, frommen und selten klugen Mädchen«, das sich in Diensten im »Fürstlich Marggrävischen Frauenzimmer in Durlach« aufhielt; er erreichte mit Keplers Fürsprache die Berufung Bartschs zum Nachfolger des Malleolus auf dem Mathematiklehrstuhl der Universität Straßburg. Die Hochzeit am 12. März 1630 in Straßburg spiegelte den Ruhm und die Verehrung, die Kepler genoß. Er selbst konnte nicht daran teilnehmen; er wollte sich nicht von seiner Frau trennen, die wenig später ein Töchterchen gebar. Bernegger schilderte ihm das Fest, an dem die ganze Stadt teilgenommen hatte. Am Morgen war Bartsch mit dem Doktorhut geschmückt worden. »Im übrigen bestand der Hochzeitszug aus den ersten Männern und Frauen aller Stände, somit aus der Blüte der ganzen Stadt ... Glaubt aber nicht, daß diese Ehre allein dem Bräutigam und der Braut galt. Sie galt vor allem Euch ... Die Leute wiesen mit den Fingern auf Eure Tochter hin und zeigten sie einander.«

Indessen bereiteten neue Maßnahmen Kaiser Ferdinands eine Kriegsphase vor, die keinen guten Ausgang erwarten ließ. Kepler überblickte das alles sehr wohl: »Inmitten des Zusammenbruchs von Städten, Provinzen und Staaten, von alten und neuen Geschlechtern, inmitten der Furcht vor barbarischen Überfällen, vor gewaltsamer Zerstörung von Heim und Herd sehe ich mich, ein Jünger des Mars, wenn auch kein jugendlicher, genötigt, Drucker zu dingen, die Herausgabe der

Tychonischen Beobachtungen vorzugeben oder auch wirklich anzufangen, ohne mir irgendwelche Furcht anmerken zu lassen. Mit Gottes Hilfe will ich dies Werk auch wirklich zu Ende führen, und zwar auf militärische Weise, indem ich trotzig, kühn und übermütig heute meine Befehle erteile, die Sorge für mein Begräbnis aber dem morgigen Tag überlasse.« »Wenn ich Sagan sollte verlassen müssen, möchte ich lieber etwas Fertiges hinterlassen als verstümmelte Bruchstücke.« Er vergrub sich in die Arbeit: »Wenn der Sturm wütet und der Schiffbruch des Staates droht, so können wir nichts Würdigeres tun, als den Anker unserer friedlichen Studien in den Grund der Ewigkeit senken«, schreibt er aus »Sagan in Schlesien in eigener Druckerei« an Bartsch.

Wieder setzt er sich an die Berechnung der »Ephemeriden«, Tabellen der künftigen Planetenstellungen, der Sonnen- und Mondfinsternisse und dergleichen. Zugleich beginnt er mit dem Druck seines letzten Werkes: »Somnium seu Astronomia Lunaris« – »Traum oder Mondastronomie«. Wie die »Weltharmonik«, so ist auch dieses Werk in ganz frühen Jahren konzipiert. Schon in der Tübinger Studentenzeit hatte Kepler die Bearbeitung der originellen Frage begonnen, wie ganz anders sich doch einem Mondbewohner, der die Erde als seinen Mond ansieht, die naturgegebenen Bewegungen der Planeten und der Sonne zeigen als dem Erdenmenschen. Er will die Bedeutung des Ortes des Beobachters für das, was er sieht, deerständlich machen, welche das Copernicanische System wegen seines Widerspruchs mit unserer täglichen Sinneserfahrung ablehnten. »Denn sehr viele Menschen glauben, man könne nur das wissen, was man gesehen habe. Sind denn die Astronomen vom Himmel gefallen«, daß sie alles wissen? Um »am Beispiel des Mondes ein Beweismittel für die Bewegung der Erde« zu geben, schrieb er eine Mondastronomie. Er fügte eine Übersetzung von Plutarchs Buch »Vom Gesicht im Mond« aus dem Griechischen ins Lateinische und umfangreiche Notae hinzu, »nach und nach niedergeschrieben 1620–1630«. Mit diesen Notae hat es folgende Bewandtnis: 1611 hatte ein Baron von Volckerstorff eine Abschrift des ersten Manuskripts nach Tübingen gebracht. Dieses wurde für Kepler verhängnisvoll, aber nicht wegen der astronomischen Fragen; durch die mysteriöse Geistergeschichte, in welche er die Mondastronomie einkleidet, wurde er in Verbindung mit den »Hexereien« seiner Mutter gebracht – »man konnte fast glauben, daß sogar in den Barbierstuben darüber geschwatzt worden ist«.

Unter dem Namen Durakotus erzählt er einen *Traum*. Seine Jugend habe er in Thule bei seiner Mutter Fiolxhilde verlebt (Island war auf einer alten Karte Keplers Fiolx genannt). Die Mutter habe Kräuter gesammelt und besprochen und mit Geistern verkehrt. Da diese nun gestorben sei, könne er endlich seine Erlebnisse erzählen. Durakotus war auf sehr merkwürdige Art zu Tycho Brahe gekommen, kehrte aber nach Jahren zur Mutter zurück. Als er ihr berichtete, was er dort über Astronomie gelernt hatte, habe die Mutter von dem »reinsten und friedlichsten Geist, der mit 21 Buchstaben beschworen wird« – *astronomia copernicana* – erzählt und ihn auf sein inständiges Bitten herbeizitiert. Dieser »Dämon« gibt nun einen Bericht über die 50000 Meilen entfernt im Äther schwebende Insel Levania (hebräisch Lebana, Mond).

Schon der Bericht über die Art, zum Mond zu kommen, ist aufschlußreich für Keplers rein physikalische Überlegungen, so über die erforderliche Beschleunigung, um die Erde gegen die Schwerkraft zu verlassen, über die Gefahren großer Beschleunigung für den Menschen, über die Vermeidung von Schäden durch diese, durch Weltraumkälte und Atemnot – »geeignet sind besonders ausgemergelte alte Weiber«. Wenn die Geister den Mondfahrer genügend weit von der Erde weggebracht hätten, so sei keine Hilfe mehr nötig. In dem schwerelosen Raum, in dem Erd- und Mondanziehung sich aufheben, gäbe es kein Oben und Unten; der Körper rolle sich zu einer Kugel zusammen, weil nur noch die Kraft des Ganzen auf die Glieder wirke. Aber schließlich werde die Anziehungskraft des Mondes so stark, daß nun die Dämonen alle Kraft anwenden müßten, um einem tödlichen Sturz auf die Mondoberfläche zu begegnen (– für eine weiche Landung zu sorgen!).

»Von der dort herrschenden, von der unsrigen völlig abweichenden Astronomie« wollen wir des pädagogischen Wertes wegen ein paar Beispiele geben. Man muß bei Levania die der Volva (der Erde) immer zugewandte subvolvane und die ihr immer abgewandte privolvane Hemisphäre unterscheiden. Die privolvanen Levanier wissen nichts von der Existenz einer Volva, die subvolvanen sehen sie immer an derselben Stelle »wie mit einem Nagel an den Himmel geheftet«. Bei ihrer Drehung um ihre Achse zeigt die Volva Phasen, wie wir sie bei unserem Mond sehen, und wie dieser zeigt sie charakteristische und sonderbare Figuren, völlig erklärbar durch die verschiedenen Strukturen der Erdoberfläche (so daß also auch die Mondfiguren gar nichts Geheimnisvolles bedeuten!). Der Levanier sieht z. B. »einen menschlichen Kopf, abgeschnitten an den Schultern [Afrika], dem ein Mädchen in langem Gewand sich zum Kusse hinneigt [Spanien als Kopf, Malaga der Mund, Europa der Körper, Rußland das Gewand], mit dem einen ausgestreckten Arm [England] eine herausspringende Katze [Skandinavien] anlockend« oder zu anderer Zeit »eine an einem Strick hängende ausgeschwungene Glocke [Mittel- und Südamerika]«. Diese Figuren wandern immer erneut vorbei, die Zeit, in welcher eine derselben nach einer Umdrehung der Volva wieder an derselben Stelle erscheint, ist die levanische Stunde: die Volva ist die Tag und Nacht ablesbare Uhr der subvolvanen Levanier.

Sonnen- und Volvafinsternisse kennen nur die subvolvanen Levanier. Wenn wir eine Sonnenfinsternis haben, wenn also unser Mond zwischen Sonne und dem Erdbeobachter steht, ist für sie eine Volvafinsternis, weil der Levanier sich zwischen Sonne und Volva befindet; während unserer Mondfinsternis – unsere Erde steht dann zwischen Sonne und Mond – hat der Levanier Sonnenfinsternis; denn seine Volva steht zwischen Levania und Sonne. Die Sonnenfinsternis ist immer total. Eine totale Volvafinsternis gibt es nicht, nur ein kleiner Schatten der Levania läuft über sie, aber ihre Sonnenfinsternis kann einige irdische Stunden dauern. Dabei wird es völlig dunkel, da sowohl das direkte als auch das von der Volva reflektierte Sonnenlicht erlöscht. Dunkelheit ist aber für die Subvolvaner etwas ganz Besonderes, denn ihre Nacht wird von dem Licht, das die Volva reflektiert, taghell erleuchtet.

In dieser Weise werden alle astronomischen Erscheinungen diskutiert. Als der Dämon gerade von dem Leben auf Levania erzählt, »was, da wir von der Erde vertrieben werden, uns auf unserer Wanderschaft zum Mond als Wegzehrung nützlich sein wird« – von Pflanzen, Nahrung, von der furchtbaren Tageshitze und Nachtkälte während je rund 15 Erdentagen, von dem Schutz gegen diese, von dem Wasser auf dem Mond u. a. – – – da erwacht Kepler!

»Meine Abhandlung hat so viel Probleme als Zeilen, doch wer wird die Mühe ihrer Lösungen sich aufladen?« Manche Klärung gibt Kepler in den erwähnten Noten, 68 Seiten (in Kleindruck!) im Vergleich zu nur 28 des Traumes, aber in ihnen auch wieder neue Probleme. Astronomie und Astrologie, Zeitkritik und Kritik der zeitgenössischen Wissenschaft – eine vollständige Analyse dieses Werkes in deutscher Sprache steht noch aus.

Mitten in die Druckarbeit an diesem Buch kam aus Linz die Nachricht, Kepler könne auf Martini (11. November) 1630 mit der Auszahlung der längst fälligen Zinsen von zwei Obligationen über 2000 und 1500 Gulden rechnen. Er beschloß hinzureisen, um das oft monierte Geld in Empfang zu nehmen. Dabei ließ sich die andere Absicht ausführen, Wallenstein, der sich in Nürnberg oder Memmingen aufhalten sollte, den im September fertig gewordenen Ephemeridenband zu überreichen. Die eben erfolgte Absetzung seines Gönners beunruhigte ihn sehr, waren doch dadurch sein ferneres Verweilen in Sagan und alle daran geknüpften Abmachungen in Frage gestellt. So brach Kepler am 8. Oktober von Sagan auf, um zuerst in Regensburg, wo seit dem 3. Juli ein Kurfürstentag abgehalten wurde, mit dem Kaiser und ihm vertrauten Persönlichkeiten die neue Lage zu besprechen, vor allem aber, um auf die endliche Ausbezahlung der 12000 Gulden zu dringen, zu denen ihm auch Wallenstein nicht hatte verhelfen können. Anschließend wollte er Wallenstein treffen und dann seine Geschäfte in Linz erledigen.

Am 2. November 1630 ritt Kepler, über Leipzig und Nürnberg kommend, in Regensburg ein. Von seinem Freund, dem Handelsmann Hillebrand Billy, wurde er aufgenommen – das Haus in der heutigen Keplergasse, nahe der Donau, sollte sein Sterbehaus werden. (Der prachtvolle gotische Bürgerbau beherbergt heute das Regensburger Kepler-Museum.) Schon bald nach der Ankunft erkrankte Kepler – und der Kurfürstentag ging zu Ende. Als Kaiser Ferdinand »bereits das Schiff bestiegen hatte und eben abreisen wollte, gab er, auf die Nachricht von Keplers Erkrankung hin, Herren seines Gefolges den strengen Befehl, ihn zu besuchen und ihm 30, oder wie andere sagen, 25 Dukaten zum Zweck der Genesung zu bringen«.

Am Mittag des 15. November wurde Kepler von schwerstem Leiden erlöst. Die Trauerfeier fand »auf Verordnung des regierenden Oberkämmerers« unter großer Anteilnahme der Bevölkerung und der noch in Regensburg zurückgebliebenen Teilnehmer des Kurfürstentages statt. Er wurde am 17. auf dem Friedhof St. Peter beerdigt – außerhalb der Stadt; »es ist nämlich nicht Sitte, daß die Lutheraner innerhalb der Mauern begraben werden«. Das Grab wurde schon 1634 bei der Belagerung Regensburgs durch die Schweden zerstört. Die Inschrift auf dem Grabstein für den »Fürsten der Astronomie« lautete:

In hoc agro quiescit Vir nobilissimus, doctissimus et celeberrimus Dom. Joan. Kepplerus Trium Imperatorum Rudolphi II., Matthiae et Ferdinandi II. per annos XXX antea vero Procerum Stiriae ab anno MDXCIV usque MDC. postea quoque Austriacorum ordinum ab anno MDCXII usque ad annum MDCXXVIII. Mathematicus, toti orbi Christiano per monumenta publica cognitus, ab omnibus doctis inter principes astronomiae numeratus, qui manu propria assignatum post se reliquit tale epitaphium:

Mensus eram coelos, nunc terrae metior umbras;
Mens coelestis erat, corporis umbra jacet.

In Christo pie obiit anno salutis MDCXXX. D. V. Nov. aetatis Suae Sexagesimo.

In deutscher Übersetzung von Adolf Schmetzer:

Hier ruht der hochangesehene, hochgelehrte und weltberühmte Mann, Herr Johannes Keppler, 30 Jahre hindurch Mathematikus dreier Kaiser, Rudolfs II., Matthias' und Ferdinands II., vorher aber der steirischen Landschaft von 1594 bis 1600, dann auch der österreichischen Stände von 1612 bis zum Jahre 1628, der ganzen Christenheit bekannt durch seine Schriften, von allen Gelehrten den Fürsten der Astronomie zugezählt, der sich diese Grabschrift selbst bestimmt hat:

Habe die Himmel erforscht,
jetzt irdische Schatten erforsch' ich;
Himmelsgeschenk war der Geist,
schattenhaft liegt nun der Leib.

Gottergeben starb er in Christo im Jahr des Heils 1630 den 5. November im sechzigsten seines Lebens.

Nur durch einen Zufall sind die Inschrift und ihre Anordnung auf dem Grabstein erhalten. Ein Freund Keplers hatte sich eine Zeichnung davon auf einen alten Brief Keplers aufgeklebt; dieser befindet sich heute im Germanischen Museum in Nürnberg. Den Todestag, 5. November, haben seine Freunde nach dem veralteten Julianischen Kalender angegeben – in der gleichen Stadt, in der Kepler sich in monatelangen Verhandlungen vor dem Kurfürstentag für den neuen Gregorianischen Kalender eingesetzt hatte!

Das schöne Distichon, das Kepler sich selbst als Grabspruch verfaßt hatte, verlockte viele Übersetzer – hier noch zwei Beispiele:

Himmel durchmaß mein Geist,
nun mess' ich die Tiefen der Erde.
Ward mir vom Himmel der Geist,
ruht hier der irdische Leib.

(Max Caspar)

Himmelslicht hab ich gemessen,
jetzt meß ich die Schatten der Erde.
Himmlischer Art mein Geist –
Schatten mein Leib, der hier liegt.

(Reinhold Schneider)

Wir wissen aus vielen zeitgenössischen Briefen, wie tief die Anteilnahme der gelehrten Welt am Tode Keplers war. Ein Beleg muß hier genügen: Der berühmte französische Physiker Pierre Gassend (Pietro Gassendi) schrieb an Keplers Freund, den Tübinger Mathematiker Wilhelm Schickard, den Erfinder der ersten mechanischen Rechenmaschine: »Solche Männer wie Kepler dürften eigentlich gar nicht sterben oder sollten wenigstens gleich Halbgöttern ein jahrhundertelanges Leben haben ... Man soll zu ihm aufschauen wie zu einem hoch über den Wolken in unerreichbarer Höhe dahinschwebenden Adler.«

In viel späterer Zeit – 1782 – schrieb Friedrich Schiller eine Inschrift für ein Keplerdenkmal, welches Herzog Karl im Park des Hohenheimer Schlosses aufstellen wollte:

IOANNES KEPPLERVS
FORTUNA MAIOR
NEVTONI
PER SIDERA
DUCTOR

Den Plan für das Denkmal hatte der entlassene Lehrer der Baukunst J. J. Azel entworfen: »Die Urne, mit mathematischen Instrumenten umgeben, stehet auf einem vollkommenen Würfel, wo in einem Basrelief Keppler vorgestellt ist, welchem die in die Sphären deutende Astronomie Flügel giebt. Newton folgt der Fakel nach, die ihm Keppler darhält. Im Vordergrund sizet das Glück, das Kepplern den Rücken kehrt. Auf der entgegen gesezten Seite weinet die Nachwelt, und auf den zwo andern Seiten sind seine Werke mit Lorbeern umwunden. Der Platz ist in einer einsamen melancholischen Gegend.«

»Der Traum vom Mond« wurde unter Leitung von Keplers Schwiegersohn Jakob Bartsch 1631 in Sagan vollendet; Frau Susanna brachte die schon gedruckten Bogen nach Frankfurt, wo – nach dem plötzlichen Pesttod von Bartsch 1633 – sein Sohn Ludwig Titel und Widmung an Philipp von Hessen schrieb. Erst 1634 kam das Buch als »Opus Posthumum« in den Handel, »fertiggestellt auf Kosten der Erben des Verfassers«. Daß sein Verkauf etwas Geld einbringe, war eine letzte, wenn auch schwache Hoffnung der völlig mittellos gewordenen Familie – »denn die Zeit kümmert sich mehr um Flinten- und Kanonenkugeln als um die Mondkugel«. Was Kepler an greifbaren Mitteln hinterlassen hatte, reichte kaum zur Abfindung der Drucker in Sagan und zur Rückgabe von geliehenem Geld. Alle Eingaben von Frau Susanna, ihre Reisen nach Prag und Linz, um das rückständige Gehalt, die »Gnadengelder« und die Obligationszinsen ihres Mannes zu bekommen, waren umsonst; nur Wallenstein ließ den Rest des Gehalts auszahlen, mehr aber nicht. So starb sie in großer Not 1636. Die von der Hofbuchhalterei am 27. April 1633 ausgestellte Obligation für geschuldete 12694 Gulden wurde niemals eingelöst.

Der Schriftsteller Kepler und das Schicksal seiner Schriften

Die hervorragendsten und für die Geschichte der Naturwissenschaft bedeutendsten Werke Keplers wurden in unserer Darstellung gewürdigt. Darüber hinaus verzeichnet der Katalog seiner gedruckten Schriften noch eine Anzahl von Werken, in denen er auch andere Wissensgebiete seiner Zeit um irgendeine Entdeckung oder neue Erkenntnis bereicherte.

Kepler griff gern zur Feder, wenn sich am Himmel etwas Neues zeigte, ein Komet oder ein neuer Stern, über den die wißbegierige Menge von dem kaiserlichen Mathematiker Näheres erfahren wollte, oder wenn es galt, auf eine bevorstehende Sonnen- oder Mondfinsternis hinzuweisen. Dann schrieb er in einem lebhaften, bilderreichen Stil in deutscher Sprache, während er meist in einer nachfolgenden lateinischen Abhandlung die gelehrte Welt mit neuen Entdeckungen überraschte, die er aus den angestellten Beobachtungen ableitete. Der Sitte der Zeit entsprechend, verfaßte er auch zahlreiche lateinische Gedichte als Beiträge zu Gratulationsschriften, zu Hochzeiten, Promotionen oder als Totenklage für einen verstorbenen Freund. Die gedankenreichen und geschliffenen Verse Keplers sind heute die begehrtesten Perlen in diesen Sammlungen.

Ein Wort sei zu einer der vielen Gelegenheitsschriften gesagt, die schon zu Keplers Zeit nachgedruckt werden mußte und später mehrfach auch in deutscher Übersetzung herausgegeben wurde: »Strena seu de nive sexangula«, 1611. Strena war bei den Römern ein Neujahrsgeschenk, meist ein eßbares. »Ein Leckerbissen oder Über den sechseckigen Schnee« mag man diese, seinem »gnädigen Gönner«, dem Kaiserlichen Hofrat Wackher von Wackhenfels, gewidmete Neujahrsschrift übersetzen. Hier werden ernste, seiner Zeit weit vorauseilende Gedanken entwickelt über die Kristallstruktur, über die dichteste Kugelpackung, über das in dem Körper der Erde steckende Formvermögen und die bildende Kraft der Wärme, über vielerlei Naturbeobachtungen an Blütenformen und Bienenwaben, verbunden mit köstlichen, humorvollen Bemerkungen. Die »Strena« beginnt: »Ja, ich weiß es, gerade du liebst das Nichts; gewiß nicht wegen seines geringen Wertes, vielmehr des witzigen und anmutigen Spiels halber, das man wie ein munterer Spatz damit treiben kann. So bilde ich mir leicht ein, eine Gabe müsse dir um so lieber und willkommener sein, je mehr sie dem Nichts nahekommt.« Was aber ist ein Nichts? Mit Hinweisen auf alte Mythologie und Naturphilosophie werden Atome, Sandstaub, Feuerfünkchen, Wind, Dunst, Wassertröpfchen usw. usw. abgelehnt – da fallen ihm, als er grübelnd und ärgerlich über die Armseligkeit seines Geistes über eine Brücke geht, ein paar Schneeflocken auf den Ärmel: »Ei, beim Herakles, da ist ja ein Ding, kleiner als ein Tropfen, dazu von regelmäßiger Gestalt« – *nix!* (lateinisches Wort für Schnee); und nun folgt ein reizendes Wortspiel: »Fragst du einen Deutschen, was *nix* ist, so wird er, wenn er nur etwas Latein kann, antworten, *nihil*» (lateinisch nichts)! So ist *nix* »eine höchst erwünschte Neujahrsgabe für einen Freund des Nichts, und auch passend als Geschenk eines Mathematikers, der nichts hat und nichts kriegt, so wie das da vom Himmel herabkommt und den Sternen ähnlich ist«.

Entstanden derartige Gelegenheitsgedichte und Schriften meist in kurzer Zeit, so beanspruchten Keplers wissenschaftliche Hauptwerke Jahre, bis sie ausgereift und formuliert waren. Man denke an die »Astronomia Nova«, in der Kepler den Leser alle die Irr- und Umwege führt, die er selber gehen mußte, um zu seinen Planetengesetzen zu gelangen. Oder an die »Harmonice Mundi«, die in ihrer Konzeption bis in Keplers Grazer Jahre zurückreicht, 1618 aber erst druckreif war. Die Arbeit an den »Rudolphinischen Tafeln« gar begleitete ihn fast sein Leben lang.

Vor dem unbefugten Nachdruck seiner Werke schützten ihn kaiserliche Druckprivilegien. Umfänglichere Schriften kamen in zwei Teilen heraus, wie die »Ephemeriden« oder das Lehrbuch der Copernikanischen Astronomie. Letzteres, als dicker Oktavband das kleinste, ist zugleich dem Umfang nach das größte der Werke Keplers, die sich uns ganz unterschiedlich in

Nemo cadit, recubans, ter-
ræ de cessit e plana.
O curas hominum, o quantum
est in rebus inane!

Joannes Keplerus. S. C. Mtis
Rudolphi II. Mathematicus
scripsi Lincii Id: Jan:
Anno Christianorum
M. DC XI

obiit 5. Nov. 1630.

In astrologos.

EMBLEMA CIII.

Icare per superos qui raptus & aëra, donec
In mare præcipitem cera liquata daret:
Nunc te cera eadem, feruénsq; exuscitat ignis,
Exemplo ut doceas dogmata certa tuo.
Astrologus caueat quicquam prædicere, præceps
Nam cadet impostor, dum super astra uolat.

IMitatus est Alciatus Epigramma Iuliani ex lib. 4. Epigramma. quod tale est, *Iulianus.*

εἰς Ἴκαρον χαλκοῦν ἐν λουτρῷ ἱστάμενον.

Ἴκαρε, κηρὸς μέν σε διώλεσε, νῦν δέ σε κηρῷ
Ἤγαγεν εἰς μορφὴν αὖθις ὁ χαλκοτύπος.

Ἀλλ' ἄ

Format und Umfang präsentieren. Da stehen Schriften, die nur wenige Blätter umfassen, neben der Prachtausgabe der »Astronomia Nova« in Großfolio.

Unter den auf uns gekommenen, in Bibliotheken aufbewahrten Originaldrucken der Keplerschen Schriften kommen die großen Werke häufiger vor als die kleinen. Das ist zum Teil dadurch bedingt, daß letztere leichter der Vernichtung anheimfielen als ein großes Buch und daß zudem ihre Auflagenhöhe geringer war als die der Hauptwerke. Beklagenswert ist der Verlust einiger Schriften theologischen Inhalts. Die Kalender, die man, wenn das Jahr um war, wegwarf, sind Raritäten geworden; von siebzehn, die Kepler geschrieben hat, sind sechs verschollen. Um so größer ist die Freude darüber, wenn sich eines dieser verloren geglaubten Stücke wiederfindet, wie zum Beispiel der Kalender auf das Jahr 1597.

Die Druckschriften werden ergänzt durch Keplers Briefwechsel mit Gelehrten in ganz Europa und mit Freunden, mit Gönnern und Widersachern, mit seinen Tübinger Lehrern, mit Theologen beider Konfessionen, mit Kaisern, Königen, Herzögen, Ständen und Kammern. Wissenschaftliche Zeitschriften, Akademieberichte gab es noch nicht; die wenigen Zeitungen bringen wohl gelegentlich Notizen über wissenschaftliche Ereignisse – so über Galileis Fernrohr, über Kometen oder einen neuen Stern, auch einmal mit einem Hinweis auf Keplers Bearbeitung solcher Probleme. Galileis »Erfindung« des Fernrohrs wurde gar zuerst (fast wie heutzutage!) durch die Presse bekanntgemacht. So steht im »Aviso Relation oder Zeitung, was sich begeben und zugetragen hat, in Deutsch: und Welschlant, Spanien ... Ost: und Westindien ... gedruckt im 1609 Jahr« die »Zeitung aus Venedig den 4. Septemb. ... Sonsten hat hiessige Herrschafft dem Signor Gallilei von Florentz Professorn / in der Mathematica zu Padua / eine statliche Verehrung gethan / auch jhme seine Provision umb 100 Cronen gebessert / weilen er durch sein embsiges Studiren ein Regel erfunden / durch welche man einer seits / in 30. Meilwegs weit endtlegene sachen / anderseits aber die ahnwesende noch ein mahl so viel grösser / als wann sie vor Augen seyn / sehen kan /

welche Kunst er dann gemeiner Stadt nutzen presentirt hat.« Das war 4 Monate vor den ersten Himmelsbeobachtungen des Galilei.

Aber der Austausch von Gedanken zwischen den Gelehrten, die Mitteilung neuer Erkenntnisse erfolgt in Briefen, die nur gelegentlich gedruckt werden und weitere Verbreitung finden. So ist es ein wahres Glück, daß ein großer Teil von Keplers Briefen – etwa 415 – erhalten ist; dazu kommen rund 700 an Kepler gerichtete und zahlreiche Briefe von Dritten, welche Kepler betreffen. Sie füllen sechs Foliobände der Kepler-Ausgabe; die meisten sind in lateinischer Sprache (gelegentlich mit deutschen Einschaltungen), die Briefe an offizielle Stellen, an den Kaiser, den Herzog von Württemberg, die Stände usw. vorwiegend in deutscher Sprache geschrieben. Manche Briefe sind viele Seiten lang, gelegentlich schließen sie mit der Bemerkung, daß er wegen Papiermangels Schluß machen müsse.

Eine Auswahl der Briefe – die lateinischen sind übersetzt – mit verbindenden Erläuterungen gaben M. Caspar und W. v. Dyck 1930 zum 300. Todestag in zwei Bänden heraus, um »den Freunden Keplers und allen, deren Sinn aufgeschlossen ist für geistige und seelische Offenbarungen, einen Dienst zu erweisen«.

Ihr wissenschaftlicher Wert liegt darin, daß sie uns ein getreues Bild der Entwicklung der neuen Gedanken, der zu überwindenden Schwierigkeiten und der gegen sie erhobenen Einwände überliefern. Keplers Einfallsreichtum, seine Forscherimpulsivität tritt in ihnen hervor, und auch die vorbehaltlose Offenheit, mit der er Erkenntnisse, Pläne und Ideen darlegte, weil vielleicht andere, von ihnen angeregt, noch weiteres finden – »ich bin niemand neidig« – oder weil »ein anderer, der nicht durch Freude über seine Entdeckung benommen ist, eher den wunden Punkt bemerken mag« oder weil gar ein anderer gleiches schon gesagt haben könnte. Man sieht aus den Briefen, wie das gleiche Arbeitsziel jahrelang immer wieder auftrat, bis eine gültige Aussage gereift war – so das Suchen nach dem wichtigen III. Keplerschen Gesetz von 1618 über den Zusammenhang von Umlaufzeit und Sonnenabstand der Planeten schon 1599 oder »Methode und Umrisse zu einem Buch, dem ich den Titel ›De harmonice mundi‹ geben werde«, das erst 1619 vollendet wurde.

Noch wichtiger ist der Briefwechsel für den, der den Menschen Kepler kennenlernen will; er findet in ihm auch das Bild der Zeit, der großen Welt, die Welt der Wissenschaften und die seiner Familie. Kepler nahm lebhaften Anteil an allen Fragen jener so bewegten und Europas schweres Schicksal entscheidenden Zeit. Freimütig urteilte er über sie, etwa über den Dreißigjährigen Krieg, über die Glaubenskämpfe, »jene Geisteskrankheit, die ein gütiger Gott heilen möge«, oder über die Verbote wissenschaftlicher Werke, von denen auch er betroffen wurde.

Er korrespondiert mit seinem protestantischen Lehrer, mit jesuitischen Freunden über theologische Fragen, er lobt oder kritisiert wissenschaftliche Ansichten oder persönliches Verhalten, unter Umständen mit scharfen Worten – aber er bedauert auch, wenn er zu weit gegangen ist, freimütig seine »Anfälle von Ungestüm, den Zorn eines leidenschaftlichen Sinnes« –, oder er bringt scherzhafte und treffende Vergleiche, weil ihm, »indes die Meister sich im Streit erhitzen, der Humor die angenehme Würze zu sein scheint« und weil man doch »Mühe und Plage wissenschaftlicher Arbeit durch eine im Stil sich ausdrückende frohe Laune mildern« soll. Nur eines kann er nicht vertragen: Unehrlichkeit – Unredlichkeit: »Wenn der Wissenschaft nur noch mit betrügerischen Mitteln zu helfen sein soll, so mag sie zugrunde gehen.«

Wir erfahren aus seinen Briefen von häuslichem Glück und Unglück, von Freuden und Leiden, von den oft drückenden Geldschwierigkeiten, von seinen geradezu wissenschaftlich-systematischen Überlegungen während seiner Brautwahl in Linz und von »dringenden häuslichen Sorgen«, die ihn von der Arbeit abhalten, etwa »der Unruhe, die von den Weibern herrührt: denn was für ein Geschäft, was für einen Umtrieb macht es nicht, 15, 16 Weiber zu meiner Frau, die im Wochenbett liegt, einzuladen, sie zu bewirten, sie hinauszubegleiten usw. Am 3. Dezember (1604) wurde mir nämlich ein Sohn geboren« – so schreibt er an seinen großen Gönner, den bayerischen Kanzler Johann Georg Herwart von Hohenburg.

Wechselvoll wie sein Leben war auch das Schicksal des wissenschaftlichen Nachlasses von Johannes Kepler. Eine fast unübersehbare Menge von Konzepten und Vorarbeiten zu seinen rund 80 gedruckten Werken, dazu die erhaltenen Briefe und die Abschriften der von ihm selbst verfaßten sowie die unveröffentlichten Arbeiten lagen, von ihm selbst geordnet, in Sagan, als er 1630 seine letzte Reise antrat. Die Kriegsfurie, die in jenen Tagen Schlesien heimsuchte, brachte den wertvollen Nachlaß oft durcheinander und in Gefahr.

Schon zu Keplers Lebzeiten waren vor allem durch den Astronomen Christoph Scheiner – berühmt durch seine Beobachtungen der Sonnenflecken, bekannt als schärfster Gegner des Galilei – bei Kaiser und Erzherzögen Versuche unternommen worden, die Beobachtungsprotokolle von Tycho Brahe für den Jesuitenorden zu sichern. Aber die oft fein eingefädelten Intrigen scheiterten immer wieder durch diesen oder jenen Zufall. Nach Keplers Tod wurden diese Bemühungen verstärkt wieder aufgenommen. Im Zusammenhang mit der Verurteilung Galileis durch das Heilige Offizium 1633 schlug Scheiner dem Kaiser Ferdinand vor, mit den Tychonischen Beobachtungen auch den Keplerschen Nachlaß in die Kaiserliche Bibliothek nach Wien zu bringen, so daß nur der Kaiser über sie verfügen könne und sie nicht jedermann bekannt würden. Scheiner machte gar mit einer vom Kaiser persönlich unterschriebenen Anweisung den ungeheuerlichen Versuch, die Manuskripte der Keplertochter Susanna heimlich zu entwenden – er mißlang wieder durch einen Zufall: Ihr Bruder Ludwig hatte von dem Plan erfahren, war nach Schlesien geeilt und gab nichts heraus. Noch 1637 beschwerte er sich bei Ferdinand III., es gäbe Gelehrte, welche die Hypothesen des Copernicus, Brahes und Keplers umstoßen wollten und Tag und Nacht danach trachteten, wie sie in den Besitz der Manuskripte kommen könnten.

Trotz aller Schwierigkeiten war es Ludwig gelungen, den Nachlaß wieder zu ordnen und nach Königsberg, seinem Wohnsitz, zu bringen.

Nach Ludwigs Tod kamen die Keplerschen Handschriften durch Kauf in den Besitz des Danziger Astronomen Hevelius, von diesem an M. G. Hansch, der sich die Veröffentlichung unbekannten Materials aus Keplers Nachlaß zum Ziel gesetzt hatte. Aber weiter als bis zur Herausgabe eines allerdings großartigen Bandes mit Keplers Briefwechsel und eines Bandes über den Gregorianischen Kalender kam er nicht. Ungute Umstände zwangen ihn, 18 der 22 Foliobände zu versetzen; die vier Bände, aus denen er die Briefe veröffentlicht hatte, übergab er der Kaiserlichen Bibliothek in Wien. Hansch konnte die Handschriften nie mehr auslösen, und schließlich gerieten sie in Vergessenheit.

Um 1765 entdeckte der Nürnberger Gelehrte Murr in Frankfurt am Main den in einem Koffer aufbewahrten Keplerschen Nachlaß. Die Besitzerin war bereit, ihn zu verkaufen. Murr suchte ein wissenschaftliches Institut, das die Manuskripte in seine Obhut nehmen sollte. Aber sosehr er sich auch bei den Sternwarten in Göttingen, Mannheim, Wien, Berlin, Tübingen, Zürich und Prag bemühte, überall erfuhr er Ablehnung. Endlich hatte er Erfolg: Kaiserin Katharina II. von Rußland, geborene Prinzessin von Anhalt-Zerbst, erwarb 1773 den Nachlaß des großen deutschen Astronomen um Juwelen. Er wird heute in der Akademie der Wissenschaften in Leningrad als kostbarer Besitz aufbewahrt. Auf Veranlassung des verstorbenen Professors der Mathematik an der Technischen Hochschule München, Walther von Dyck, wurden in den dreißiger Jahren Fotokopien sämtlicher Handschriften angefertigt, die jetzt im Besitz der Bayerischen Akademie der Wissenschaften sind. Sie sind das wichtigste Material für die Keplerforschung und die von der Kepler-Kommission besorgte Herausgabe von Keplers Gesamtwerk. In vielen Archiven des In- und Auslandes befinden sich ebenfalls Originale von Handschriften Keplers.

Bald nach 1870 wurden auch die letzten Stücke, die an Kepler und seine Familie erinnerten und die arme Nachkommen von Keplers Tochter Susanna bis dahin pietätvoll gehütet hatten, mangels Interesse in der Heimat auf Rat eines angesehenen Gelehrten nach Rußland verkauft.

Die Astronomie nach Kepler

Die Entwicklung der Astronomie in dem auf Keplers Tod folgenden halben Jahrhundert war wesentlich durch zwei sehr gegensätzliche Momente bestimmt: die alles freie Forschen über das Planetensystem behindernde Verurteilung Galileis mit der Verdammung der Copernicanischen Lehre als Ketzerei im Jahre 1633 und die schnelle Ausbreitung der Beobachtungsastronomie durch Nutzung und weitere Vervollkommnung des Keplerschen Fernrohrs.

Das geozentrische Planetensystem des Ptolemäus war zwar nicht mehr zu halten, aber das Galilei-Urteil, in dem das Bekenntnis zur Theorie der ruhenden Erde verlangt wurde, und der von der Astronomie geforderte Umlauf der Planeten um die Sonne führten trotz der Gegenargumente Keplers zur Befürwortung des Tycho Braheschen Systems: Um die als »Mittelpunkt der Welt« von der Theologie geforderte ruhende, nur vom Mond umlaufene Erde kreist die Sonne, umgeben von den sie nach der Forderung der Astronomie umlaufenden Planeten. Den noch gegen die Galileischen Jupitermonde erhobenen Einwand, daß ein Himmelskörper nicht zwei Bewegungen »gleichzeitig« ausführen könne, daß also ein Jupitermond nicht gleichzeitig den Jupiter umlaufen und mit diesem um die Sonne kreisen könne, hatte man aufgegeben. Hatte Kepler die Autonomie der Naturwissenschaft in allen naturwissenschaftlichen Fragen gefordert, so trat nun an die Stelle des »Suchens nach der Wahrheit in der Natur« das Bemühen um einen Kompromiß zwischen der mit astronomischen Argumenten begründeten »natürlichen oder Wissenswahrheit« und der in den Worten der heiligen Schriften niedergelegten »übernatürlichen oder Glaubenswahrheit«, welcher in Zweifelsfällen auch in naturwissenschaftlichen Fragen die letzte Entscheidung zukomme. Hier bot sich also das Tychonische Planetensystem an; mit nicht sehr wesentlichen Änderungen veröffentlichte 1651 der Astronom Giovanni Battista Riccioli das »Almagestum Novum«, den »Neuen Almagest«, der die Stelle des alten Ptolemäischen »Almagest« fürderhin übernehmen sollte. Diese, wie auch die langen Diskussionen dieser Zeit, vor allem im Kreis der französischen Gelehrten, welche wie Descartes (Cartesius) und ganz besonders der berühmte Pierre Gassend (Pietro Gassendi) vor Galileis Verurteilung begeisterte Anhänger des Copernicanischen Systems waren, haben heute nur noch für die Geistesgeschichte jener Zeit Bedeutung; es blieb bei Keplers Voraussicht: »Wenn ich eine Prophezeiung wagen darf, so glaube ich, daß eher der ungeheure Wust der Streitschriften mitsamt ihren Verfassern und ihren krittelnden Köpfen untergehen, als daß Aristarch und Copernicus aufgegeben werden.«

Man muß aber auch berücksichtigen, daß es eine sichere *demonstratio*, einen zwingenden Beweis für das Keplersche Planetensystem, insbesondere für die um die Sonne in weiter Ellipsenbahn laufende Erde, damals noch nicht gab. Für ihre hohe Wahrscheinlichkeit sprachen nur die mit den Beobachtungen genau übereinstimmenden Keplergesetze, insbesondere das III. Gesetz über Umlaufzeit und Sonnenabstand der Planeten, in welches sich die Erde so zwanglos einordnete. Aber das letzte Stück in der Beweiskette für die bewegte Erde brachten erst 1838 Bessel und Struve mit dem Nachweis der Parallaxe der Fixsterne, den Kepler bereits so sehr gesucht hatte. Schon vorher war Isaak Newton der Schritt gelungen, welcher zur Vollendung des neuen Grundgedankens Keplers über die Himmels*physik*, über das »himmlische Uhrwerk« führte: das Newtonsche Gravitationsgesetz in Verbindung mit dem Trägheitsgesetz. Wir haben Keplers Überlegungen kennengelernt über die anziehende Kraft, welche zwischen allen Massen wechselseitig wirkt, zwischen Sonne und Planeten, zwischen Erde und Mond und zwischen unserer Erde und dem fallenden Stein, Keplers »gravitas«, mit welcher er – wie Galilei, doch in anderer Weise – der aristotelischen Physik das Ende bereitete. Wie die Wirkung der »von der Sonne ausgehenden körperlichen Kraft« auf die Planeten mit ihrer Entfernung von der Sonne abnimmt, hat er vielfach überlegt. Daß die Wirkung des Lichtes mit dem Quadrat des Abstandes von der Lichtquelle abnimmt, ist eines der Grundgesetze der Keplerschen Optik; denn da das Licht von einer freien Lichtquelle, wie etwa der Sonne, nach allen Seiten sich ausbreitet, also gewissermaßen vom Mittelpunkt ausgehend auf eine immer größer werdende Kugelfläche sich verteilt, wird seine Intensität, »die Dichte der Lichtstrahlen«, um so kleiner, je größer die Kugel wird; die Größe der Kugelfläche ist aber durch das Quadrat des Abstandes von der Mitte gegeben. Kepler nimmt – manchmal gar an eine Verbindung der Lichtstrahlen mit »Kraftstrahlen« denkend, diese aber auch wieder verwerfend – das gleiche für die Kraft der Sonne auf die Planeten an. Aber dann bedenkt er, daß die Planeten ja alle beinahe in der gleichen Ebene laufen; mit seinem teleologischen Denken, der Annahme der Zweckmäßigkeit und Ökonomie in allen Erscheinungen der Natur – »Die Natur verwendet so wenig Mittel wie möglich« ist einer der Grundsätze in seiner »Astronomia Nova« –, hält er eine Ausbreitung der Kraft in den ganzen Raum gewissermaßen für eine naturwidrige Verschwendung, weil sie ja nur in der Ebene der Planetenbahnen, in der Ekliptik, wirken muß: »weil bei der Kraft nicht die kugelförmige Ausbreitung in einer Sphäre in Betracht kommt wie beim Licht, sondern die Ausbreitung in jenem Kreis, in dem sich der Planet bewegt«. Eine Wirkung in der Ebene nimmt aber einfach proportional mit dem Abstand vom Zentrum ab.

Newton gelingt nun der Beweis, daß das III. Keplersche Gesetz, dessen Auffindung Kepler »zu heiliger Raserei« führte, daß nämlich die Quadrate der Umlaufzeiten T^2 der Planeten um die Sonne den Kuben (der dritten Potenz) ihres mittleren Sonnenabstandes A^3 proportional sind, sich direkt ergibt, wenn die Anziehungskraft proportional den Massen und umgekehrt proportional dem Quadrat ihrer Abstände ist. Mathematisch formuliert lautet das Newtonsche Gravitationsgesetz: Die Gravitationskraft K ist proportional der Masse der Sonne M mal der Masse eines Planeten m, dividiert durch das Abstandsquadrat A^2, oder

$$K \text{ proportional } \frac{M \times m}{A^2} \text{ oder } K = G \times \frac{M\,m}{A^2}$$

wobei dann G die Gravitationskonstante, d. h. die Anziehungskraft zwischen zwei Massen von je 1 Gramm im Abstand von 1 cm ist. Keplers III. Gesetz, T^2/A^3 konstant für alle Planeten, erhält dann die quantitative Form

$$T^2/A^3 = G \times \frac{M}{M+m} \text{ (statt } T^2/A^3 = \text{konstant),}$$

wird also ein klein wenig, aber doch physikalisch fundamental verändert; denn das Keplersche Verhältnis T^2/A^3 ist *nicht* für alle Planeten genau dasselbe, sondern etwas abhängig von der Planetenmasse; da diese aber für alle Planeten sehr klein gegenüber der Sonnenmasse ist, ist die Größe $M/(M + m)$ zahlenmäßig fast 1.

Um zu diesem Ergebnis zu kommen, fehlten in Keplers Zeit noch die erforderlichen mathematischen Hilfsmittel; mit ihrer Vervollkommnung konnte Newton dann auch beweisen, daß das Gravitationsgesetz nicht nur die Ellipsenbahn und die alte Keplersche Idee, daß die Sonnenmasse das Kraftzentrum ist und daß sie in einem Brennpunkt der Ellipse liegen muß, sondern auch das II. Keplersche Gesetz, den Flächensatz, fordert.

Aber noch ein Punkt fehlt. Wie wir bei der Besprechung der Keplerschen Himmelsdynamik sagten, meinte Kepler, daß die körperliche Kraft der Sonne die Planeten »in Schwung« halten müsse. Hier greift das Newtonsche Trägheitsgesetz ein, dem Kepler auch schon fast so nahe wie dem Gravitationsgesetz gekommen war. Die Planetenbewegung an sich hat nichts mit der Gravitationskraft der Sonne zu tun; ihre Entstehung hängt mit der Entstehung des Planetensystems zusammen. Ist sie einmal vorhanden, so bleibt sie als geradlinige Bewegung erhalten, wenn nicht eine äußere Kraft auf sie wirkt. Die äußere Kraft, die Anziehungskraft der Sonne, bewirkt nur, daß sie ihre Richtung ändert, also die geschlossene Ellipsenbahn ausführt. Seit dieser Zeit sind die Keplerschen Gesetze und das Keplersche Planetensystem, seine »Astronomia Nova« und die »Physica Coelestis«, fester Bestand der Naturwissenschaft. Will man sehr kritisch sein, so muß man allerdings sagen: erst seit 1798, als Joseph Cavendish in Laboratoriumsmessungen die Gültigkeit des Newtonschen Gravitationsgesetzes durch direkte Messungen der Anziehungskraft von zwei Massen aufeinander nachwies.

Die beobachtende Astronomie machte schnelle Fortschritte; von allgemeiner Bedeutung sind vor allem die Ergebnisse der Sonnenflecken-Beobachtungen; der Nachweis, daß die Sonne um eine Körperachse rotiert, die Bestimmung ihrer Umlaufdauer zu rund 25 Tagen und die Entdeckung, daß die Sonnenflecken auf der Sonne wandern und daß die verschiedenen Breitenzonen der Sonne nicht gleich schnell rotieren. Damit war das Dogma der »makellosen« und unveränderlichen Sonne widerlegt. Vielleicht die entscheidendste Entdekkung gelang 1665 Montenari: er fand die ersten »Veränderlichen«, d. h. Fixsterne, deren Helligkeit periodisch schwankt. Auch das letzte Dogma der »ewig unveränderlichen himmlischen Sphären« mußte aufgegeben werden.

Zahlenwerte des Planetensystems (in abgerundeten Zahlen)

	Masse (Erde = 1)	Dichte (Wasser = 1)	Rotationszeit	Fallbeschleunigung g (Erde = 1)	Umlaufzeit um die Sonne (Tage)	Mittl. Entfernung von der Sonne (in Mill. km)
Merkur	0.06	5.7	?	0.30	88.0	58
Venus	0.8	5.1	?	0.89	224.7	108
Erde	1.00	5.5	$23^h\,56^m$	1.00	365.3	150
Mars	0.1	3.9	$24^h\,37^m$	0.4	687.0	228
Jupiter	317	1.33	$9^h\,50^m$	2.56	4332.6	778
Saturn	95	0.68	$10^h\,14^m$	1.06	10759.2	1428
Uranus	15	1.60	$10^h\,48^m$	0.96	30688.5	2873
Neptun	17	2.2	$15^h\,42^m$	1.39	60181.3	4501
Pluto	0.8 ?	?	?	?	90100.0	5900
Mond	0.0123	3.33		0.165		
Sonne	3.3×10^5	1.41				

Einige Absolutwerte:

Masse der Erde	6×10^{27} Gramm
Masse der Sonne	2×10^{33} Gramm
Masse des Mondes	7×10^{25} Gramm
Erdbeschleunigung g	981 cm/sec^2

Jahr	Weltgeschehen	Kepler	Wissenschaft	Kunst
1571	Seesieg über die Türken bei Lepanto	27. Dez.: Johannes Kepler in Weil der Stadt geboren		
1572	Pariser Bartholomäusnacht			
1576	Tod Kaiser Maximilians II.; Rudolf II. wird Kaiser	Übersiedlung der Eltern nach Leonberg		
1577			Die Konkordienformel (d. h. die Bekenntnisformel der Lutheraner) wird festgelegt; Tycho Brahe weist nach, daß die Kometen keine sublunaren Gebilde, sondern Gestirne sind	
1580	Höhepunkt der spanischen Macht			Die italienischen Maler Tintoretto und Veronese auf der Höhe ihres Ruhmes
1581	Abfall der Niederlande von Spanien			
1582			Einführung des Gregorianischen Kalenders durch Papst Gregor XIII.	
1584	Tod des Zaren Iwan des Schrecklichen	Bis 1586 in der Klosterschule zu Adelberg	Giordano Bruno lehrt die Unendlichkeit des Alls	
1586		Bis 1589 in der Klosterschule zu Maulbronn		

Jahr	Weltgeschehen	Kepler	Wissenschaft	Kunst
1587	Maria Stuart wird hingerichtet			
1588	Untergang der spanischen Armada	25. Sept.: Baccalaureus		
1589	Mit Heinrich IV. gelangen die Bourbonen auf den französischen Königsthron	Bis 1594 Studium der Theologie, Mathematik und Astronomie in Tübingen	Galilei Professor der Mathematik an der Universität Pisa (bis 1592)	
1590		Tod des Vaters	Galilei macht Fallversuche; F. Vieta führt die Buchstabenrechnung in die Mathematik ein	Marlowe: »Doctor Faustus«
1591		21. Aug.: Magister Artium		
1592			Galilei Professor der Mathematik an der Universität Padua (bis 1610)	Shakespeare: »Richard III.«
1594		April: Übersiedlung nach Graz; dort Professor der Mathematik an der Landschaftsschule		Aufführung der ersten Oper in Florenz: »Daphne« von J. Peri; Tintoretto, Orlando di Lasso und Palestrina sterben
1595		19. Juli: Kepler entdeckt das »Weltgeheimnis«; erster Kalender		Shakespeare: »Der Kaufmann von Venedig«; »Ein Sommernachtstraum«; Torquato Tasso stirbt

1596		»Mysterium Cosmographicum«	Barents entdeckt Spitzbergen und überwintert auf Nowaja Semlja; Descartes geboren	
1597		27. April: Heirat mit Barbara Müller		
1598	Boris Godunow besteigt den russischen Thron			Shakespeare: »Heinrich IV.« und »Heinrich V.«
1599				Velasquez und van Dyck geboren
1600		Febr. bis Juni: bei Tycho Brahe in Prag; 7. Aug.: Ausweisung aus Graz; Übersiedlung nach Prag	William Gilbert begründet die Lehre vom Erdmagnetismus; Giordano Bruno wird in Rom als Ketzer verbrannt	Shakespeare: »Julius Cäsar« und »Die lustigen Weiber von Windsor«; Calderon geboren
1601		Kepler wird kaiserlicher Mathematiker (bis 1630)	Tycho Brahe stirbt	Shakespeare: »Hamlet«
1603	Elisabeth I. von England stirbt; Jakob I. wird König von England			
1604		»Astronomiae Pars Optica«	Okt.: Ein neuer Stern erschienen	
1605	Pulver-Verschwörung in England			Shakespeare: »Othello« und Macbeth«; Cervantes, 1. Teil des »Don Quichotte«; El Greco in Spanien,

Jahr	Weltgeschehen	Kepler	Wissenschaft	Kunst
				in Italien Michelangelo, Rubens und Reni auf der Höhe ihres Ruhmes
1606		«De Stella Nova«		
1607		Kepler sieht erstmals einen Sonnenflecken, hält ihn aber für einen Merkurdurchgang	Im Sept. erscheint ein Komet (Halleyscher Komet)	Shakespeare: »King Lear«; Rembrandt und Corneille geboren
1608	Gründung der protestantischen Union			Monteverdis erste Oper »Orfeo«
1609	Gründung der katholischen Liga; Majestätsbrief Rudolfs II.; Vertreibung der Mauren aus Spanien	»Astronomia Nova« (sie enthält die beiden ersten Keplerschen Gesetze über die Planetenbahnen)	Galilei: Fallgesetze, Wurfparabel, Pendelgesetze	H. Schütz schreibt die erste deutsche Oper (verloren); Rubens wirkt in Antwerpen
1610	Heinrich IV. von Frankreich wird ermordet; Ludwig XIII. besteigt den französischen Thron	»Dissertatio cum Nuncio Sidereo«	Galilei richtet erstmals ein Fernrohr auf den Himmel und macht dabei große Entdeckungen; »Sidereus Nuncius«; er übersiedelt als Hofmathematiker Cosimos II. Medici nach Florenz	
1611	Gustav Adolf II. wird König von Schweden	»Dioptrice«; Keplersches Fernrohr; Tod seiner ersten Frau; Kepler wird Mathematiker der Landschaft	Johannes Fabricius veröffentlicht als erster Beobachtungen von Sonnenflecken	Shakespeare: »Der Sturm«; El Greco malt »Toledo im Wetterleuchten»; nach 1610

		Österreich ob der Enns (bis 1628)		schafft Reni seine bedeutendsten Werke
1612	Rudolf II. stirbt; Matthias wird sein Nachfolger	Umzug nach Linz	Scheiner: »Tres Epistolae de maculis Solaribus«; Neuentdeckung des Andromedanebels durch Marius	
1613	Michael III. Fjodorowitsch Romanow wird zum Zaren gewählt	30. Oktober: Heirat mit Susanna Reuttinger	Galilei: »Istoria intorno alle macchie Solari«; Campanella: »Sonnenstaat«	Shakespeare: »Heinrich VIII.«; El Greco stirbt
1614	Niederländische Kaufleute gründen Neu-Amsterdam = New York		Neper und Bürgi finden gleichzeitig die Logarithmen	
1615		»Stereometria Doliorum«	Die ersten periodischen Zeitungen in Deutschland	Rubens malt die ersten bedeutenden Werke; Cervantes: 2. Teil des »Don Quichotte«
1616		»Auszug aus der Messekunst Archimedis«	Die Lehre des Copernicus wird verworfen; Galilei wegen seines öffentlichen Eintretens für das Copernicanische System verwarnt	Shakespeare und Cervantes sterben am selben Tag; Gryphius wird geboren; Rubens: »Jüngstes Gericht«; Hals: »Schützenmahlzeit«
1617		Okt.: erste Reise nach Württemberg, um seine Mutter zu retten, die als Hexe verdächtigt wird; »Ephemeriden«, 1. Teil	Galilei bezieht ein Landhaus vor den Toren von Florenz; Snellius wendet als erster bei der Landvermessung die Triangulation an	

Jahr	Weltgeschehen	Kepler	Wissenschaft	Kunst
1618	23. Mai: Prager Fenstersturz; Beginn des 30jährigen Krieges	15. Mai: Drittes Keplersches Planetengesetz; »Epitome«, 1. Teil	Harvey entdeckt den großen Blutkreislauf	
1619	Kaiser Matthias stirbt; Ferdinand II. folgt ihm auf den Thron	»Harmonice Mundi«; »De Cometis«	Grotius zu lebenslänglicher Haft verurteilt; Böhme, Arndt und Andreae auf der Höhe ihres Ruhmes	
1620	Schlacht am Weißen Berg; die englischen Puritaner segeln mit der Mayflower nach Nordamerika; Inflation in Deutschland	Okt. bis Nov. 1621: zweite Reise nach Württemberg, um seine Mutter zu retten	Bacon: »Novum Organum«	Bernini und der Kirchenmusiker Praetorius auf der Höhe ihres Ruhmes
1621	Tilly besetzt die Pfalz	»Epitome«, 2. Teil		
1622		Tod der Mutter		
1623	Maximilian von Bayern erhält die pfälzische Kurwürde		Jungius gründet die erste naturwissenschaftliche Gesellschaft Deutschlands; Galilei: »Il Saggiatore«	Velasquez wird Hofmaler
1624	Richelieu mit der Staatsführung beauftragt	»Chilias Logarithmorum«; Okt. bis Jan. 1625: Reise nach Wien wegen des Drucks der »Rudolphinischen Tafeln«	Drebbels erste Versuche mit einem Unterwasserfahrzeug; Galilei bei Papst Urban VIII. in Rom	Hals auf der Höhe seines Ruhmes
1625	Wallenstein Oberbefehlshaber der kaiserlichen	April bis Aug.: Reise nach Schwaben, um das Geld	Grotius: »De iure belli ac pacis«	Opitz wird in Wien zum Dichter gekrönt;

	Truppen; Jakob I. von England stirbt; Karl I. wird König; Okt.: Ausweisung der Protestanten aus Linz	für den Druck der »Rudolphinischen Tafeln« zu beschaffen; »Hyperaspistes«		Lope de Vega und Calderon auf der Höhe ihres Ruhmes
1626	Österreichischer Bauernaufstand; am 24. Juni wird Linz eingeschlossen; am 29. Aug. Entsatz der Stadt; Wallenstein besiegt Mansfeld, Tilly Christian IV. von Dänemark	Dez. 1626 bis Sept. 1627 ohne Familie in Ulm wegen des Drucks der »Rudolphinischen Tafeln«	Bacon stirbt	
1627		Veröffentlichung der »Rudolphinischen Tafeln«; Sept. 1627 bis Juli 1628 wechselnder Aufenthalt in Frankfurt, Ulm, Regensburg, Linz und Prag		Schütz: Uraufführung der deutschen Oper »Daphne«; Rembrandt: »Der Geldwechsler«
1628	Wallenstein wird mit den Herzogtümern Sagan und Mecklenburg belehnt; er belagert Stralsund erfolglos	Juli: Übersiedelung nach Sagan in die Dienste Wallensteins		
1629	Restitutionsedikt		Huygens geboren	
1630	Die Schweden unter Gustav Adolf in Deutschland; 13. Sept.: Entlassung Wallensteins	»Ephemeriden«, 2. Teil; 8. Okt.: Antritt der Reise nach Regensburg; am 15. Nov. stirbt Kepler in Regensburg	Scheiner: »Rosa Ursina«	van Dyck auf dem Höhepunkt seines Schaffens

Jahr	Weltgeschehen	Kepler	Wissenschaft	Kunst
1632			Galilei: »Dialogo«	
1633			Verurteilung des Galilei	
1638			Galilei: »Discorsi«	
1642			Tod des Galilei	
1643			Newton geboren	

Bibliographie

1 Keplers Leben

Abetti, G.: Keplero. Brescia 1951

Baumgardt, C.: Johannes Kepler. Life and Letters. New York 1951. Deutsche Ausgabe (eingeleitet von Albert Einstein). Wiesbaden 1953

Breitschwert, J. L. C. von: Johann Kepplers Leben und Wirken. Stuttgart 1831 und 1846

Caspar, M.: Johannes Kepler. In: Schwäbische Lebensbilder, Bd. 3. Stuttgart 1942

Caspar, M.: Johannes Kepler. Stuttgart 1948, 1950, 1958. Englische Übersetzung von C. D. Hellman. London/New York 1959 und 1962

Gehres, S. F.: Weil's der Stadt kleine Chronik. Stuttgart 1808

Gerlach, W.: Johannes Kepler der Ethiker der Naturforschung. In: Die Naturwissenschaften, Jg. 48, Heft 4. Heidelberg 1961

Gerlach, W.: Lebendiger Geist in alten Mauern. Des Johann Keplers Manen. Zur Einweihung des Kepler-Gedächtnishauses in Regensburg. 1962

Gerlach, W.: Johannes Kepler, Leben, Mensch und Werk. Vortrag, gehalten auf dem Kepler-Symposium, 26.–28. Aug. 1971 in Leningrad. Die Sterne, Jg. 47, 1971, S. 226–38

Gerlach, W., und List, M.: Johannes Kepler – 1571 Weil der Stadt – 1630 Regensburg. Dokumente zu Lebenszeit und Lebenswerk. München 1971

Gerlach, W.: Johannes Kepler. Die Großen der Weltgeschichte, Bd. 5, Zürich 1974, S. 524–565

Gruner, C.: Keplers wahrer Geburtsort. Stuttgart 1866

Hammer, F.: Johannes Kepler. Stuttgart 1943

Hammer, F., und G. Trump: Weil der Stadt und Johannes Kepler. Stuttgart 1960

Johannes Kepler. Der Mensch und die Sterne. Aus seinen Werken und Briefen. Hrsg. von M. List. Wiesbaden 1953 (Insel-Bücherei Nr. 576)

Johannes Kepler–Dokumente zu Leben und Werk. Bearbeitet von M. List. Johannes Kepler – Gesammelte Werke Bd. 19, herausgegeben von der Kepler-Kommission der Bayer. Akad. d. Wissenschaften. München 1975

Johannes Kepler–Selbstzeugnisse. Ausgewählt und eingeleitet von F. Hammer; übersetzt von E. Hammer; erläutert von F. Seck. Stuttgart–Bad Cannstatt 1971

Koestler, A.: The Sleepwalkers. New York 1959. Teil IV: Johannes Kepler. Deutsche Übersetzung von W. M. Treichlinger: Die Nachtwandler. Bern/Stuttgart/Wien 1959

List, M.: Johannes Kepler. Neue Deutsche Biographie, Bd. 11, 1977, S. 494–508

Müller, E.: Stiftsköpfe. Heilbronn 1938. Johannes Kepler: S. 31 bis 100

Reitlinger, E., C. W. Neumann und C. Gruner: Johannes Kepler. Stuttgart 1868

Rossnagel, P.: Johannes Kepler, der große Sternweise. Stuttgart 1955 und 1959
Schmidt, J.: Johann Kepler. Sein Leben in Bildern und eigenen Berichten. Linz 1970
Wehner, J. M.: Johannes Kepler. Murnau/München 1964 (Lux Lesebogen 343)
Wunder, G.: Die Herkunft der Familie Kepler. In: Südwestdeutsche Blätter für Familien- und Wappenkunde, Bd. 11, Heft 16. 1964
Wunder, G.: Die Ahnen und Verwandten von Johannes Kepler. In: Genealogisches Jahrbuch, Bd. 19, 1979, S. 121–145
Zinner, E.: Johannes Kepler. In: Die großen Deutschen, Bd. 1. Berlin 1935 und 1956

2 Keplers Mutter

Diez, M.: Keplers Mutter. Schauspiel. Stuttgart 1939
Evenius, S.: Katharine Kepler. Erzählung. Herborn 1931
Sutter, B.: Der Hexenprozeß gegen Katharina Kepler. Weil der Stadt 1979 (Kepler-Gesellschaft Weil der Stadt e. V.)
Welti, A. J.: Hiob der Sieger. Schauspiel. Zürich/München 1954 (Hexenprozeß von Keplers Mutter)

3 Kepler, der Gelehrte

Apelt, E. F.: Die Reformation der Sternkunde. Jena 1852
Beer, A., and Beer, P.: Kepler – Four Hundred Years. Proceedings of Conferences held in Honour of Johannes Kepler. Vistas in Astronomy, Vol. 18, Oxford/New York 1975
Breitsohl-Klepser, R.: Heiliger ist mir die Wahrheit – Johannes Kepler. Aus dem Nachlaß herausgegeben von M. List. Stuttgart/Berlin 1976
Cohen, I. B.: Kepler's Century: Prelude to Newton's. In: Vistas in Astronomy, Herausgeber A. Beer and P. Beer, Vol. 18, Oxford/New York 1975, S. 3–36
Dickreiter, M.: Der Musiktheoretiker Johannes Kepler. Neue Heidelberger Studien zur Musikwissenschaft, Hrsg. R. Hammerstein, Bd. 5, Bern/München 1973
Dijksterhuis, E. J.: De Mechanisering van het Wereldbeeld. Amsterdam 1950. Deutsche Übersetzung von H. Habicht: Die Mechanisierung des Weltbildes. Berlin/Göttingen/Heidelberg 1956. Über Kepler S. 337–359
Drake, St., and C. D. O'Malley: The Controversy on the comets of 1618 – Galilei – Grassi – Guiducci – Kepler (englische Übersetzungen). Philadelphia 1960
Gerlach, W.: Humor und Witz in Schriften von Johannes Kepler. Sitzungsberichte d. Bay. Akad. d. Wiss. (math.-naturwiss. Klasse) 1968, München 1968, S. 13–30

Gerlach, W.: Die Physik des Johannes Kepler. Bild der Wissenschaft, Jg. 8, 1971, S. 1033–42

Glaser, K.: Die deutsche astronomische Fachsprache Keplers. Gießen 1935

Götze, A.: Anfänge einer mathematischen Fachsprache in Keplers Deutsch. Berlin 1919

Günther, L.: Kepler und die Theologie. Gießen 1905

Haase, R.: Keplers Weltharmonik in Vergangenheit, Gegenwart und Zukunft. Sudhoffs Archiv, Bd. 57, H. 1, 1973, S. 41–70

Hammer, F.: Die Astrologie des Johannes Kepler. Sudhoffs Archiv, Bd. 55, Wiesbaden 1971, S. 113–135

Hofmann, J. E.: Johannes Kepler als Mathematiker. Praxis der Mathematik, Bd. 13, 1971, S. 287–293, 318–324

Holton, G.: Johannes Kepler's Universe. Its Physics and Metaphysics. In: American Journal of Physics, Bd. 24. New York 1956. S. 340–351

Hübner, J.: Die Theologie Johannes Keplers zwischen Orthodoxie und Naturwissenschaft. Beiträge zur Historischen Theologie, herausgegeben von G. Ebeling, Bd. 50, Tübingen 1975

Koch, W.: Aspektenlehre nach Johannes Kepler. Hamburg 1950

Koyré, A.: L'œuvre astronomique de Kepler. In: Bulletin de la Société d'Etude du 17e siècle, Nr. 30, 1956. S. 69–109

Koyré, A.: Kepler et l'astronomie nouvelle. In: La révolution astronomique. Copernic, Kepler, Borelli. Paris 1961, S. 117 bis 458

Kuhn, Th. S.: The Copernican Revolution. Cambridge USA 1957

Pauli, W.: Der Einfluß archetypischer Vorstellungen auf die Bildung naturwissenschaftlicher Theorien bei Kepler. In: Naturerklärung und Psyche. Zürich 1952. S. 109–194

Peters, Th.: Jo. Kepleri Harmonices Mundi Lib. I. Ein Beitrag zur Geschichte der Mathematik. Diss. Berlin 1940

Rosen, E.: Kepler's Conversation with Galileo's Sidereal Messenger (englische Übersetzung mit Einführung und Anmerkungen). New York/London 1965

Rosen, E.: Kepler's Somnium–The dream, or posthumous work on Lunar Astronomy (englische Übersetzung mit Kommentar). London 1967

Schuster, L.: Johann Kepler und die großen kirchlichen Streitfragen seiner Zeit. Graz 1888

Small, R.: An Account of the astronomical Discoveries of Kepler. London 1804 und Madison 1963

Speiser, A.: Kepler und die Lehre von der Weltharmonie. In: Die mathematische Denkweise. Zürich 1932 (S. 110–135) und Basel 1945, 1952

Strauß, H. A., und S. Strauß-Kloebe: Die Astrologie des Johannes Kepler. München/Berlin 1926

Warrain, F.: Essai sur l'Harmonices Mundi ou Musique du Monde de Johann Kepler, 2 Bde. Paris 1942

4 *Vergleiche zwischen Kepler und anderen Gelehrten*

Blaschke, W.: Galilei und Kepler. In: Hamburger Mathematische Einzelschriften, Heft 39. Leipzig 1943
Caspar, M.: Kopernikus und Kepler. München/Berlin 1943
Closs, O.: Kepler und Newton und das Problem der Gravitation in der Kantischen, Schellingschen und Hegelschen Naturphilosophie. Heidelberg 1908
Fladt, K.: Kopernikus und Kepler. In: Aus Unterricht und Forschung. Stuttgart 1938
Fleckenstein, J. O.: Naturwissenschaft und Politik von Galilei bis Einstein. München 1965
Gerlach, W.: Kepler und Galilei. Stuttgart 1963
Günther, S.: Kepler–Galilei. München 1896
Haase, R.: Kepler und Leibniz als Mittler zwischen Pythagoras und Hindemith. In: Lux Rosae aureae, Nr 14. München 1963
Heckmann, O.: Galilei und Kepler. In: Gottfried Wilhelm Leibniz-Vorträge. Hamburg 1946
Kowalewski, A. und E.-M.: Kepler und Kant. In: Philosophischer Kalender für 1925. Berlin 1925
Lampa, A.: Kepler und Fraunhofer. In: Centralblatt für Optik und Mechanik, Jg. 48, Heft 10. 1927
Ronchi, V.: L'ottica del Keplero e quella di Newton. In: Atti Fond. Ronchi, Jg. 11. Florenz 1956. S. 189–202

5 *Kepler in der Dichtung*

Brod, M.: Tycho Brahes Weg zu Gott. Roman. Leipzig 1915 u. sp.
Finckh, L.: Sterne und Schicksal. Johann Keplers Lebensroman. Stuttgart 1931
Fischer-Colbrie, A.: Johannes Kepler. Dramatisches Gedicht. Linz 1960
Hindemith, P.: Die Harmonie der Welt. Oper. Mainz 1957
Saile, O.: Kepler. Roman einer Zeitwende. Stuttgart 1938 und 1946
Schmerl, W. S.: Johann Keplers letzte Fahrt. Erzählung. Gütersloh 1934
Schuder, R.: Der Sohn der Hexe. Roman über Johannes Kepler. 5. Aufl., Berlin 1960
Tralow, J.: Kepler und der Kaiser. Roman. Berlin 1964
Wachsmuth, G.: Keplers Weltgeheimnis. Drama. Dornach/Basel 1946

6 *Bibliographie und Gesamtausgaben*

Caspar, M.: Bibliographia Kepleriana. Ein Führer durch das gedruckte Schrifttum von Johannes Kepler. Mit einem Anhang: Schriften über Kepler. München 1936. – 2. Aufl. u. Fortsetzung bis 1966, besorgt von M. List. – Fortsetzung 1967–1975, besorgt von M. List in: Beer, A., and Beer, P.:

Kepler – Four Hundred Years. Proceedings of Conferences held in Honour of Johannes Kepler. Vistas in Astronomy, Vol 18, Oxford–New York 1975, S. 955–1010. – Fortsetzung 1975–1978, besorgt von M. List, l. c. Vol. 22, 1978, S. 1–18

Frisch, Ch.: Joannis Kepleri Opera Omnia. 8 Bde., Frankfurt/Erlangen 1858–71

Johannes Kepler: Gesammelte Werke, herausgegeben von der Kepler-Kommission der Bayer. Akad. d. Wissenschaften. München 1937 ff. (Bisher sind 17 Bände erschienen)

7 Briefausgaben

Anschütz, C.: Ungedruckte wissenschaftliche Correspondenz zwischen Johann Kepler und Herwart v. Hohenburg 1599. Prag 1886

Caspar, M., und W. von Dyck: Johannes Kepler in seinen Briefen, 2 Bde. München/Berlin 1930

Hansch, M. G.: Joannis Keppleri aliorumque Epistolae mutuae. 1718

J. Keppleri et M. Berneggeri Epistolae mutuae. Straßburg 1672

8 Deutsche Übersetzungen Keplerscher Werke

Caspar, M.: Johannes Kepler. Neue Astronomie. München/Berlin 1929

Caspar, M.: Johannes Kepler. Das Weltgeheimnis. Augsburg 1923 und München/Berlin 1936

Caspar, M.: Johannes Kepler. Weltharmonik. München/Berlin 1939 u. ö.

Günther, L.: Keplers Traum vom Mond. Leipzig 1898

Hammer, F.: Johannes Kepler. Unterredung mit dem Sternenboten. In: Faksimile-Ausgabe von Keplers »Dissertatio cum nuncio sidereo Galilaei«. Hrsg. von W. Lehmann. Gräfelfing 1964

Klug, R.: Johannes Kepler. Neue Stereometrie der Fässer. Leipzig 1908 (Ostwald's Klassiker Nr. 165)

Plehn, F.: Johannes Keplers Dioptrik. Leipzig 1904 (Ostwald's Klassiker Nr. 144)

Rossmann, F.: Johannes Kepler Strena. Neujahrsgabe oder Vom sechseckigen Schnee. Berlin 1943

Strunz, H., und H. Borm: Johannes Kepler. Über den hexagonalen Schnee. Regensburg 1958

Erläuterungen zu den Abbildungen

Frontispiz: Der Maler des einzigen Keplerbildes aus späteren Jahren (1619) ist unbekannt. Matthias Bernegger, dem Kepler es geschenkt hatte, gab es 1627 an die Bibliothek in Straßburg. 1620 stellte Jakob von Heyden nach ihm einen Kupferstich her, der aber erheblich vom Original abwich; Kepler selbst lehnte ihn ab, doch wurde er die Vorlage der meisten späteren Keplerbilder.

Abbildung 1: In dem Geburtshaus, welches Eigentum der Kepler-Gesellschaft ist, befindet sich ein Kepler-Museum.

Abbildung 2: Das Original des Keplerschen Entwurfs (Tuschezeichnung) ist im Besitz der Wiener Nationalbibliothek. Das Tempeldach zeigt das Planetensystem; es ruht auf den Säulen Ptolemäus, Albategnius, Tycho Brahe, Regiomontanus, Copernicus. Die Säule des Ptolemäus ist geborsten!

Abbildung 3: Stich des Georg Celer (oder Cöler) in Nürnberg 1627. Die großen Astronomen stehen an Säulen, an welchen Instrumente angebracht sind, z. B. der Mauerquadrant an der Säule des Tycho Brahe. Die linke Sockelplatte zeigt Kepler am Arbeitstisch mit einer Tafel seiner wichtigsten Werke. Auf dem Dach stehen 6 Frauen, Sinnbilder für Astronomie, Physik, Mathematik. Über dem Tempel schwebt der kaiserliche Adler mit Szepter und Krone; aus seinem Schnabel spuckt er Taler, von denen einige auch auf Keplers Arbeitstisch fallen.

Abbildung 4: Das Sterbehaus in Regensburg gehörte Keplers Freund, dem Handelsmann Hillebrand Billy. Es wurde 1962 unter Entfernung späterer Einbauten in den ursprünglichen Zustand gebracht. Deckenbalken und eine Steinplatte tragen die Jahreszahl 1540. Das Haus beherbergt heute ein Kepler-Museum.

Stammbuchblatt, S. 122f.: Das Original des Stammbuches des

Nikolaus Olaus aus Skara liegt im Britischen Museum in London. Die wörtliche Übersetzung von Keplers Eintrag lautet: »Niemand fällt, auf dem Rücken liegend, vom Rasen der ebenen Erde. Oh, über die Sorgen der Menschen, oh, wieviel ist in den Dingen eitel.« Der zweite Satz (S. 122) war Keplers Wahlspruch, den er oft verwendete; der erste bezieht sich auf das Bild S. 123: es zeigt Ikarus, welcher sich, der Sage nach, Vogelfedern mit Wachs zu Flügeln zusammengeklebt hatte; aber die Sonne schmolz das Wachs, und Ikarus fiel bäuchlings ins Meer.

Fotonachweis: Britisches Museum, London (1); Deutsches Museum, München (2); Kepler-Gesellschaft, Weil der Stadt (1); Nationalbibliothek, Wien (1); Wilkin H. Spitta, Regensburg (1).

Serie Piper: Eine Auswahl

Albers, Gerd Was wird aus der Stadt? SP 27
Albert, Hans Plädoyer für kritischen Rationalismus. SP 10
Ammon, Günter Psychoanalyse. SP 70
Andres, Stefan Wir sind Utopia. SP 95
Arendt, Hannah Macht und Gewalt. SP 1
Arendt, Hannah Über die Revolution. SP 76
Arendt, Hannah Wahrheit und Lüge in der Politik. SP 36
Arendt, Hannah Walter Benjamin – Bertolt Brecht. SP 12
Bachmann, Ingeborg Die gestundete Zeit – Anrufung des Großen Bären. SP 78
Bachmann, Ingeborg Die Hörspiele. SP 139
Bettelheim, Bruno Gespräche mit Müttern. SP 155
Beyme, Klaus von Das politische System der Bundesrepublik Deutschland. SP 186
Beyme, Klaus von Sozialismus oder Wohlfahrtsstaat? SP 170
Bracher, Karl Dietrich Zeitgeschichtliche Kontroversen. SP 142
Dahrendorf, Ralf Pfade aus Utopia. SP 101
Eibl-Eibesfeldt, Irenäus Liebe und Haß. SP 113
Fatke, Reinhard Phantasien bei Kindern. SP 187
Fetscher, Iring Herrschaft und Emanzipation. SP 146
Fetscher, Iring Modelle der Friedenssicherung. SP 41
Flitner, Andreas Mißratener Fortschritt. SP 166
Flitner, Andreas Spielen – Lernen. SP 22
Glück – Gerechtigkeit Hrsg. v. A. Mitscherlich/G. Kalow. SP 137
Greiffenhagen, Martin Das Dilemma des Konservatismus in Deutschland. SP 162
Grundprobleme der Politischen Ökonomie Hrsg. v. M. Hereth. SP 152
Hassenstein, Bernhard Instinkt, Spielen, Lernen, Einsicht. SP 193
Hassenstein, Bernhard und Helma Was Kindern zusteht. SP 169
Havemann, Robert Rückantworten an die Hauptverwaltung Ewige Wahrheiten. SP 8
Hoffmann, Peter Widerstand gegen Hitler. SP 190
Huxley, Aldous Die Pforten der Wahrnehmung – Himmel und Hölle. SP 6
Illies, Joachim Kulturbiologie des Menschen. Der Mensch zwischen Gesetz und Freiheit. SP 182
Jaspers, Karl Augustin. SP 143
Jaspers, Karl Einführung in die Philosophie. SP 13
Jaspers, Karl Kant. SP 124
Jaspers, Karl Kleine Schule des philosophischen Denkens. SP 54
Jaspers, Karl Lao-tse/Nagarjuna. SP 180
Jaspers, Karl Die maßgebenden Menschen. SP 126
Jaspers, Karl Philosophische Autobiographie. SP 150
Jaspers, Karl Der philosophische Glaube. SP 69
Jaspers, Karl Plato. SP 147
Jaspers, Karl Die Schuldfrage. Für Völkermord gibt es keine Verjährung. SP 191
Jaspers, Karl Spinoza. SP 172

5,–

Serie Piper: Eine Auswahl

Jaspers, Karl Strindberg und van Gogh. SP 167
Jaspers, Karl Von der antiken zur christlichen Metaphysik. SP 192
Jens, Walter Die Verschwörung – Der tödliche Schlag. SP 111
Jesus und Freud Hrsg. v. H. Zahrnt. SP 29
Kolakowski, Leszek Die Gegenwärtigkeit des Mythos. SP 49
Kolakowski, Leszek Gespräche mit dem Teufel. SP 109
Kolakowski, Leszek Der Mensch ohne Alternative. SP 140
Kolakowski, Leszek Die Philosophie des Positivismus. SP 18
Krockow, Christian Graf von Nationalismus als deutsches Problem. SP 4
Krockow, Christian Graf von Reform als politisches Prinzip. SP 136
Vergißt die Schule unsere Kinder? Hrsg. v. F. Kümmel, F. Maurer, W. Popp, H. Schaal. SP 176
Küng, Hans Die Kirche. SP 161
Küng, Hans 20 Thesen zum Christsein. SP 100
Küng, Hans 24 Thesen zur Gottesfrage. SP 171
Lorenz, Konrad Die acht Todsünden der zivilisierten Menschheit. SP 50
Menschenrechte in Südafrika Hrsg. v. W. Baßmann. SP 179
Mitscherlich, Alexander Auf dem Weg zur vaterlosen Gesellschaft. SP 45
Mitscherlich, Margarete Das Ende der Vorbilder. SP 183
Mitscherlich, Alexander und Margarete Eine deutsche Art zu lieben. SP 2
Mitscherlich, Alexander und Margarete Die Unfähigkeit zu trauern. SP 168
Montale, Eugenio Die Straußenfeder. SP 145
Piaget, Jean Das Recht auf Erziehung und Die Zukunft unseres Bildungssystems. SP 128
Politische Gefangene in der Sowjetunion Hrsg. v. W. Baßmann/ A.-H. Horbatsch im Auftrag von amnesty international. SP 151
Rausch, Ludwig Strahlenrisiko!? SP 194
Redl, Fritz Erziehungsprobleme – Erziehungsberatung. Hrsg. v. R. Fatke. SP 173
Redl, Fritz/Wineman, David Steuerung des aggressiven Verhaltens beim Kind. Hrsg. u. m. e. Einleitung v. R. Fatke. SP 129
Schmidbauer, Wolfgang Emanzipation in der Gruppe. SP 81
Schmidbauer, Wolfgang Heilungschancen durch Psychotherapie. SP 127
Schmidbauer, Wolfgang Sensitivitätstraining und analytische Gruppendynamik. SP 56
Schwan, Alexander Grundwerte der Demokratie. SP 185
Sontheimer, Kurt Die verunsicherte Republik. SP 189
Der SPD-Staat Hrsg. v. F. Grube/G. Richter. SP 164
Stössel, Jürgen-Peter Psychopharmaka – die verordnete Anpassung. SP 33
Stössel, Jürgen-Peter Staatseigentum Gesundheit. SP 184
Wachstum oder Sicherheit? Beiträge zur Frage der Kernenergie. Hrsg. v. C. Eisenbart u. G. Picht. SP 178
Watzlawick, Paul Wie wirklich ist die Wirklichkeit? SP 174
Wickler, Wolfgang Die Biologie der Zehn Gebote. SP 72
Wohmann, Gabriele Heiratskandidaten. SP 175
Wohmann, Gabriele Sieg über die Dämmerung. SP 98